Tributação, finanças públicas e desenvolvimento (Ensaios)

Sergio André Rocha

ORGANIZAÇÃO
MARCUS LIVIO GOMES
SERGIO ANDRÉ ROCHA

ITL UERJ International Tax Lab

Copyright © 2023 by Editora Letramento
Copyright © 2023 by Sergio André Rocha

Diretor Editorial Gustavo Abreu
Diretor Administrativo Júnior Gaudereto
Diretor Financeiro Cláudio Macedo
Logística Daniel Abreu e Vinícius Santiago
Comunicação e Marketing Carol Pires
Assistente Editorial Matteos Moreno e Maria Eduarda Paixão
Designer Editorial Gustavo Zeferino e Luís Otávio Ferreira

Conselho Editorial Jurídico

Alessandra Mara de Freitas Silva	Edson Nakata Jr	Luiz F. do Vale de Almeida Guilherme
Alexandre Morais da Rosa	Georges Abboud	Marcelo Hugo da Rocha
Bruno Miragem	Henderson Fürst	Nuno Miguel B. de Sá Viana Rebelo
Carlos María Cárcova	Henrique Garbellini Carnio	Onofre Alves Batista Júnior
Cássio Augusto de Barros Brant	Henrique Júdice Magalhães	Renata de Lima Rodrigues
Cristian Kiefer da Silva	Leonardo Isaac Yarochewsky	Salah H. Khaled Jr
Cristiane Dupret	Lucas Moraes Martins	Willis Santiago Guerra Filho

Todos os direitos reservados. Não é permitida a reprodução desta obra sem aprovação do Grupo Editorial Letramento.

Dados Internacionais de Catalogação na Publicação (CIP)
Bibliotecária Juliana da Silva Mauro - CRB6/3684

R672t   Rocha, Sergio André
            Tributação, finanças públicas e desenvolvimento (ensaios) /
            Sergio André Rocha ; organizado por Marcus Livio Gomes e Sergio
            André Rocha. - Belo Horizonte : Casa do Direito, 2023.
            208 p. il. ; 23 cm. - (Finanças Públicas, Tributação e Desenvolvimento)
            ISBN 978-65-5932-442-2

            1. Tributação. 2. Finanças Públicas. 3. Desenvolvimento.
            I. Gomes, Marcus Livio. II. Título. III. Série.

                                                            CDU: 336.225
                                                             CDD: 343.05

Índices para catálogo sistemático:
1. Tributação 336.225
2. Direito tributário 343.05

LETRAMENTO EDITORA E LIVRARIA
Caixa Postal 3242 – CEP 30.130-972
r. José Maria Rosemburg, n. 75, b. Ouro Preto
CEP 31.340-080 – Belo Horizonte / MG
Telefone 31 3327-5771

É O SELO JURÍDICO DO
GRUPO EDITORIAL LETRAMENTO

APRESENTAÇÃO DA COLEÇÃO TRIBUTAÇÃO, FINANÇAS PÚBLICAS E DESENVOLVIMENTO

Esta coleção nasceu do nosso interesse de congregar e levar aos leitores e leitoras trabalhos acadêmicos sobre temas de Direito Tributário e Financeiro que tratem de questões atuais e relevantes para o desenvolvimento de tributação e finanças públicas democráticas e transformadoras da sociedade.

O Direito Tributário e o Direito Financeiro encontram-se no centro dos principais temas que desafiam os gestores públicos e os atores privados. Da proteção do meio-ambiente à superação de todas as formas de desigualdade, de questões domésticas à equidade na relação entre países soberanos, a tributação e as finanças públicas são parte essencial da solução de qualquer dos problemas que afligem muitas das sociedades contemporâneas.

Neste contexto, o Programa de Pós-Graduação em Direito da Universidade do Estado do Rio de Janeiro vem cumprindo um papel essencial de recuperar o caráter humanista do Direito Tributário e do Direito Financeiro, após décadas de prevalência teórica de teorias formalistas que pretenderam, inclusive, separar os dois campos de estudo.

Além de publicar trabalhos desenvolvidos no Programa de Pós-Graduação em Direito da Universidade do Estado do Rio de Janeiro, esta coleção está aberta a pesquisas produzidas em outras instituições, desde que alinhadas à linha editorial proposta.

Sergio André Rocha

Agradecemos à Editora Casa do Direito pela parceria neste projeto, bem como aos autoras e autores que confiaram em nós para a publicação de suas pesquisas.

SERGIO ANDRÉ ROCHA
MARCUS LÍVIO GOMES
Professores de Direito Financeiro e Tributário da
Universidade do Estado do Rio de Janeiro – UERJ

11		**APRESENTAÇÃO**
13	**1.**	**RERCT: QUEM DISSE QUE É "FILME"? (2016)**
13		INTRODUÇÃO
13		RERCT: UMA "PONTE PARA A LEGALIDADE"
17		QUEM DISSE QUE É FILME?
23		QUAIS AS CONSEQUÊNCIAS DA TENTATIVA DE ALTERAÇÃO DA LEI?
24		CONCLUSÃO
25	**2.**	**RESPONSABILIDADE DE ASSESSORES FISCAIS E O RACIOCÍNIO BINÁRIO NO DIREITO TRIBUTÁRIO BRASILEIRO (2017)**
31	**3.**	**REFORMA TRIBUTÁRIA E O "NOVO LUCRO REAL": DIAGNÓSTICO (2019)**
31		PREÂMBULO
32		CARACTERÍSTICAS FUNDAMENTAIS DOS IFRS
34		IFRS E TRIBUTAÇÃO
35		POSSÍVEIS OPÇÕES
37		CONCLUSÃO
38	**4.**	**REFORMA TRIBUTÁRIA: PILARES DE UMA REFORMA TRIBUTÁRIA IDEAL (2019)**
38		PREÂMBULO
38	1.	UMA REFORMA, DIVERSOS CONFLITOS
39	2.	EM BUSCA DA REFORMA TRIBUTÁRIA IDEAL
41	3.	A REFORMA TRIBUTÁRIA IDEAL DEVE SER JUSTA
42	4.	A REFORMA TRIBUTÁRIA DEVE RESPEITAR O PACTO FEDERATIVO
43	5.	REFORMA TRIBUTÁRIA E SIMPLIFICAÇÃO
44	6.	PROJEÇÃO PARA O FUTURO
45	7.	CONCLUSÃO
46	**5.**	**REFORMA TRIBUTÁRIA. PEC 45: UMA PROPOSTA, VÁRIOS TRIBUTOS (2019)**
46		PREÂMBULO
47	1.	A NOVA COMPETÊNCIA EXTRAFISCAL NA PEC 45
47	1.1.	IMPOSTOS
48	1.2.	IMPOSTOS SELETIVOS

48	1.3.	IMPOSTOS COM FINALIDADE EXTRAFISCAL
49	1.4.	IMPOSTOS DESTINADOS A DESESTIMULAR O CONSUMO DE DETERMINADOS BENS, SERVIÇOS OU DIREITOS
51	1.5.	CONCLUSÃO SOBRE O ARTIGO 154, III, DA CONSTITUIÇÃO, CONFORME A PEC 45
51	2.	HÁ RAZÕES PARA EXTINGUIR O IPI?
53	3.	CONCLUSÃO
54	**6.**	**REFORMA TRIBUTÁRIA: A PEC 45 E O DESAFIO FEDERATIVO (2019)**
54		PREÂMBULO
55	1.	POR QUE A QUESTÃO FEDERATIVA SE TORNOU TÃO RELEVANTE NA PEC 45?
56	2.	ESTADO FEDERAL É UM TIPO, NÃO UM CONCEITO
56	3.	AS CORRENTES EM CONFLITO
57	4.	NOSSA POSIÇÃO
58	5.	NECESSIDADE DE MANIFESTAÇÃO DO STF
58	6.	O PRECEDENTE DE EXTINÇÃO DO IVVC E DO ADICIONAL ESTADUAL DO IMPOSTO DE RENDA
59	7.	O PESO DO ASPECTO POLÍTICO
59	8.	MAS AFINAL, O QUE A UNIÃO TEM COM ISSO?
60	9.	CONCLUSÃO
62	**7.**	**REFORMA TRIBUTÁRIA. REFORMA TRIBUTÁRIA, COMPLEXIDADE E SIMPLIFICAÇÃO (2019)**
62		PREÂMBULO
62	1.	CAUSAS DA COMPLEXIDADE
64	2.	CAUSAS DECORRENTES DO DESENHO DO SISTEMA
64	2.1.	O MODELO FEDERATIVO BRASILEIRO
64	2.2.	PULVERIZAÇÃO EXCESSIVA DE TRIBUTOS
65	3.	CAUSAS DECORRENTES DE INDUÇÕES LEGISLATIVAS
65	3.1.	CRIAÇÃO DE REGIMES BENÉFICOS DIFERENCIADOS
65	3.2.	INDUÇÃO AO LOBBY
66	3.3.	PLANEJAMENTO TRIBUTÁRIO
66	4.	CAUSAS DECORRENTES DA MANEIRA COMO SE DÁ A RELAÇÃO ENTRE FISCO E CONTRIBUINTES

66	5.	CAUSAS DECORRENTES DA INTERPRETAÇÃO DA CONSTITUIÇÃO E DA LEGISLAÇÃO TRIBUTÁRIA
66	5.1.	O PAPEL DO LANÇAMENTO POR HOMOLOGAÇÃO
67	5.2.	A INDETERMINAÇÃO DA LINGUAGEM
67	5.3.	A OMISSÃO E O TEMPO DO PODER JUDICIÁRIO
67	6.	CAUSAS DECORRENTES DOS DEVERES INSTRUMENTAIS IMPOSTOS AOS CONTRIBUINTES
68	7.	A COMPLEXIDADE DECORRENTE DA COMPLEXIDADE
68	8.	COMPLEXIDADE E REFORMA TRIBUTÁRIA
69	9.	CONCLUSÃO
70	**8.**	**REFORMA TRIBUTÁRIA: IBS E JUSTIÇA TRIBUTÁRIA (2019)**
70		REFORMA TRIBUTÁRIA É NÃO BINÁRIA
70		DEBATE DE IDEIAS, NÃO ATAQUE A PESSOAS
71		O NOVO ARTIGO 154, III, DA CF: O RISCO DO CONJUNTO VAZIO
72		O TEMA DESTE ARTIGO
72	1.	IBS E CARGA TRIBUTÁRIA
73	2.	IBS E REGRESSIVIDADE TRIBUTÁRIA
74	3.	O IBS CONSOLIDA COMO TRIBUTAÇÃO SOBRE CONSUMO A PARCELA DE DESVINCULAÇÃO ILEGÍTIMA DE RECEITAS DA UNIÃO
74	4.	O IBS NÃO TEM UM MECANISMO PARA A DIFERENCIAÇÃO DOS CONSUMOS
75	5.	O MECANISMO DE TRANSFERÊNCIA DE RECURSOS É INSUFICIENTE E NÃO PODE SER GARANTIDO
76	6.	O IBS DEVERIA SER DESCARTADO?
77	7.	CONCLUSÃO
78	**9.**	**O FUTURO DOS PREÇOS DE TRANSFERÊNCIA NO BRASIL (2019)**
84		CONCLUSÃO
86	**10.**	**INCONSTITUCIONALIDADE E CONTROVÉRSIAS DO FIM DO VOTO DE QUALIDADE (2020)**
86	1.	INTRODUÇÃO
87	2.	COMO CHEGAMOS AQUI?
88	3.	A LEI 13.988 E SUA INCONSTITUCIONALIDADE
90	4.	A ESTRANHA ALTERAÇÃO DA LEI 10.522

91	5.	APLICAÇÃO DA LEI 13.988 NO TEMPO
92	6.	QUESTIONAMENTO JUDICIAL DA DECISÃO DO CARF PELA PGFN
93	7.	QUAIS SÃO OS PRÓXIMOS PASSOS?

94	**11.**	**A ALEGORIA DO PÊNDULO E OUTROS EQUÍVOCOS PÓS FIM DO VOTO DE QUALIDADE (2020)**
95	1.	UM ERRO RECORRENTE: O VOTO DE QUALIDADE NA REVISÃO DE AUTOS DE INFRAÇÃO MORREU
95	2.	SOBRE A ALEGORIA DO PÊNDULO
96	3.	POR QUE O DESCONFORTO DO FISCO COM O FIM DO VOTO DE QUALIDADE?
97	4.	JABUTI OU TARTARUGA?
99	5.	PROCESSO LEGISLATIVO HETERODOXO E SUAS CONSEQUÊNCIAS
99	6.	PANO PRA MANGA

100	**12.**	**FIM DO VOTO DE QUALIDADE: APLICAÇÃO NO TEMPO DO ARTIGO 28 DA LEI Nº 13.988/2020 (2020)**
100	1.	INTRODUÇÃO
101	2.	PREMISSAS: PRINCÍPIOS DA ISONOMIA E DA COERÊNCIA DAS DECISÕES
102	3.	A NATUREZA JURÍDICA DO PROCESSO ADMINISTRATIVO FISCAL E A REGRA DA LEGALIDADE
103	4.	APLICAÇÃO DO ARTIGO 106, I, DO CÓDIGO TRIBUTÁRIO NACIONAL ("CTN")
104	5.	APLICAÇÃO DO ARTIGO 106, II, "A" DO CTN
104	6.	QUESTÕES DE FATO E QUESTÕES DE DIREITO
105	7.	E O CASO DOS PROCESSOS ADMINISTRATIVOS JÁ ENCERRADOS?
106	8.	CONCLUSÃO

107	**13.**	**O STF E A TRIBUTAÇÃO DA LICENÇA DE SOFTWARE (2020)**
113	**14.**	**A EXPANSÃO DO DIREITO PENAL E OS PLANEJAMENTOS FISCAIS ILEGÍTIMOS (2021)**
118	**15.**	**INSTABILIDADE INSTITUCIONAL E REFORMA TRIBUTÁRIA (2021)**
122	**16.**	**O AUMENTO DO IOF É INCONSTITUCIONAL?**
122		IMPOSTO QUE NÃO PODE ARRECADAR É CONTRADIÇÃO DE TERMOS
123		A CONSTITUIÇÃO FEDERAL NÃO ESTABELECEU OS FINS DO IOF

124		SOBRE A ILEGALIDADE DO DECRETO Nº 10.797/2021
126		SE HÁ INCONSTITUCIONALIDADE É POR FALTA DE MOTIVAÇÃO
127	**17.**	**LUCROS DE CONTROLADAS NO EXTERIOR, TRATADOS INTERNACIONAIS E SEU DEBATE ATUAL NO CARF (2022)**
134	**18.**	**A EXPANSÃO DO DIREITO TRIBUTÁRIO E A EXCEPCIONALIDADE DOS BENEFÍCIOS FISCAIS (2022)**
139	**19.**	**AFINAL, ISENÇÕES TRIBUTÁRIAS SÃO "GRANDEZAS NEGATIVAS"? (2023)**
144	**20.**	**A RECEITA FEDERAL E O LICENCIAMENTO DE SOFTWARE DE NÃO RESIDENTE (2023)**
151	**21.**	***COST-SHARING* INTERNACIONAL E AS NOVAS REGRAS DE PREÇOS DE TRANSFERÊNCIA (2023)**
152		A EXIGÊNCIA DE CONTRATO ESCRITO
152		O CRITÉRIO DE RATEIO
153		O COMPARTILHAMENTO É DE ATIVIDADES-MEIO, NÃO DE ATIVIDADES-FIM
153		A INEXISTÊNCIA DE MARGEM DE LUCRO
154		UM CONTRATO DE COMPARTILHAMENTO DE CUSTOS E DESPESAS NÃO É UM CONTRATO DE PRESTAÇÃO DE SERVIÇOS
155		A CONTROVÉRSIA SOBRE A TRIBUTAÇÃO DAS REMESSAS DE REEMBOLSO NOS CONTRATOS INTERNACIONAIS DE RATEIO
156		A TRIBUTAÇÃO DO REEMBOLSO PARA O EXTERIOR NÃO É PAUTADA PELA APLICAÇÃO DAS REGRAS DE PREÇOS DE TRANSFERÊNCIA
158		A INCLUSÃO DE MARGEM DE LUCRO
158		CONCLUSÃO
159	**22.**	**EQUILÍBRIO FISCAL E O PL DAS SUBVENÇÕES (2023)**
166	**23.**	**SEGURANÇA JURÍDICA COMO PRINCÍPIO DA ATIVIDADE FINANCEIRA DO ESTADO (2023)**
172	**24.**	**REFORMA TRIBUTÁRIA E PRINCÍPIOS DO SISTEMA TRIBUTÁRIO NACIONAL (2023)**
180	**25.**	**REFORMA TRIBUTÁRIA E O CHAMADO IMPOSTO SELETIVO (2023)**
180		IMPOSTO SELETIVO OU EXTRAFISCAL?
181		IMPOSTO QUE NÃO PODE ARRECADAR?

182		O IMPOSTO SELETIVO É MESMO NECESSÁRIO?
183		EXCEÇÃO ÀS REGRAS DA ANTERIORIDADE E DA LEGALIDADE
185		A MATERIALIDADE CONSTITUCIONAL DO IS
187		IS E A ZONA FRANCA DE MANAUS
187		ENTRE A INTENÇÃO E AS POSSIBILIDADES INTERPRETATIVAS DO TEXTO
189	**26.**	**DA TEORIA AO FATO: REORIENTANDO OS DEBATES SOBRE OS LIMITES DO PLANEJAMENTO TRIBUTÁRIO (2023)**
194	**27.**	**REFORMA TRIBUTÁRIA E OPORTUNIDADES PERDIDAS: O CASO DAS CIDES (2023)**
198	**28.**	**ENTRE O PASSADO E O FUTURO: OS NOVOS PARADIGMAS DO SISTEMA TRIBUTÁRIO NACIONAL (2023)**
199		PEC 45: UM PARADOXO
200		UMA MUDANÇA DOS PARADIGMAS DO SISTEMA TRIBUTÁRIO NACIONAL
201		A MUTAÇÃO DO DITO "IMPOSTO SELETIVO"
202		O IMPOSTO SOBRE BENS E SERVIÇOS
204		ATÉ SUJEIÇÃO PASSIVA FOI PARAR NA CONSTITUIÇÃO …
205		PROCESSO ADMINISTRATIVO FISCAL
206		COMENTÁRIOS FINAIS

APRESENTAÇÃO

Este volume reúne uma série de ensaios e artigos curtos publicados ao longo dos últimos anos. Uma característica marcante dos últimos anos foi a paulatina redução dos textos técnicos, principalmente com o crescimento e difusão dos portais jurídicos.

Como boa parte das mudanças impulsionadas pela alteração dos paradigmas tecnológicos, o novo cenário de produção técnica é ambivalente.

De um lado, a redução dos artigos e textos jurídicos e a sua rápida publicação *online* permite que temas relevantes e atuais sejam debatidos com enorme celeridade, sem que, necessariamente, perca-se a qualidade do debate.

Por outro lado, com a enorme penetração dessa produção teórica sumariada estamos formando novas gerações acadêmicos que não têm a paciência de se dedicar a uma leitura de mais fôlego, que requer paciência, esforço e dedicação do leitor e da leitora. Como, naturalmente, o conhecimento não se limita às poucas páginas de um artigo digital, isso pode ser um grande problema adiante.

De toda forma, como vemos de forma reiterada que as mudanças trazidas pela tecnologia não podem ser "derrotadas", de modo que temos que nos adaptar a elas, temos neste livro o resultado dessa adaptação. Uma série de estudos breves, publicados inicialmente *online*, que agora estão sistematizados neste volume.

SERGIO ANDRÉ ROCHA
Professor de Direito Financeiro e Tributário da Uerj

1. RERCT: QUEM DISSE QUE É "FILME"? (2016)

INTRODUÇÃO

Muito tem sido discutido sobre o Regime Especial de Regularização Cambial e Tributária (RERCT), instituído pela Lei nº 13.254/2016. Este breve texto focará sua atenção em um aspecto principal, referente ao valor que deve ser declarado à Receita Federal por aqueles que aderirem ao Regime como base de cálculo do Imposto de Renda e da Multa adicional.

Entretanto, antes de entrarmos no exame desta questão específica, nos sentimos obrigados a escrever algumas palavras sobre a constitucionalidade do RERCT, cujo questionamento é objeto da Ação Direta de Inconstitucionalidade (ADI nº 5.496), ajuizada pelo Partido Popular Socialista (PPS).[1]

RERCT: UMA "PONTE PARA A LEGALIDADE"

O PPS baseou sua ADI, entre outros argumentos, na suposta violação dos princípios da capacidade contributiva e da isonomia pelo artigo

---

[1] Sobre a ADI nº 5.496, ver: PINTO, Felipe Kertesz Renault. A ADI nº 5.496/DF: Como Ficam os Efeitos das Adesões Efetuadas em Caso de Declaração Posterior de Inconstitucionalidade do RERCT? In: PAULA JUNIOR, Aldo de; SALUSSE, Eduardo Perez; ESTELLITA, Heloisa (Coords.). *Regime Especial de Regularização Cambial e Tributária (RERCT): Aspectos Práticos*. São Paulo: Noeses, 2016. p. 169-185.

6º da Lei nº 13.254/2016, uma vez que este dispositivo não levaria em consideração a capacidade econômica do contribuinte, nem prevê possibilidade de incidência progressiva do Imposto de Renda.

Este tipo de argumento não é novo na experiência internacional. Em 1990 a Alemanha lançou um programa de anistia fiscal, o qual se referia aos períodos anteriores a 1986. O regime foi considerado inconstitucional pelo Tribunal de Münster, ao argumento de que estariam sendo concedidas vantagens a contribuintes inadimplentes, que não haviam sido oferecidas a contribuintes adimplentes. O tema foi então levado ao Tribunal Constitucional Alemão, que decidiu em sentido diverso. Segundo a posição desta Corte, um dos mais respeitados tribunais constitucionais do mundo, o propósito da anistia era trazer de volta os contribuintes para o campo da "honestidade fiscal", oferecendo-lhes uma "ponte para a legalidade".[2]

O contexto histórico brasileiro em que foi aprovada a Lei nº 13.254/2016 pode passar a equivocada impressão de que a mesma é uma reação da classe política às diversas ações de combate à corrupção em curso no País.

Olvida-se que a transferência de recursos de residentes no Brasil para o exterior tem raízes históricas no período da hiperinflação e instabilidade política e econômica, e que, ao contrário do que em algumas ocasiões se afirma, na maioria das vezes o contribuinte que possui tais recursos no exterior agiu seguindo o que era um comportamento aceitável em determinado contexto social. Pode-se dizer que agiram tais pessoas de boa-fé – mesmo que tenham, objetivamente, violado regras jurídicas.[3]

---

[2] Cf. MALHERBE, Jacques. *Tax Amnesties*. Amsterdam: Kluwer, 2011. p. 112. Para uma visão geral a respeito das questões constitucionais relacionadas a anistias fiscais na Alemanha, ver: KELLNER, Martin. Tax Amnesty 2004/2005 – An Appropriate Revenue Tool? *German Law Journal*, v. 5, n. 4, 2004, p. 339-346.

[3] Este contexto histórico foi bem descrito por Roberto Duque Estrada, quando afirmou que "não pode se deixar de recordar que, do ponto de vista histórico, não faltaram razões para formação de poupanças, com recursos de origem lícita, mas não declaradas, no exterior. O Brasil, como diversos outros da América Latina, viveu diversos momentos conturbados, de grave instabilidade política. Momentos em que os cidadãos que tinham recursos e acesso a mecanismos de transferência de divisas buscaram proteger seus patrimônios, deixando-os fora do alcance da sanha expropriadora de certos governantes. E se isso foi feito antes de meados dos anos 1990, quando ainda vigiam normas restritivas e retrógradas de controle de câmbio, que sequer admitiam cartões de crédito internacionais, certamente esses cidadãos terão

É exatamente nesse sentido que se fala em uma "ponte para a legalidade", um instrumento que venha superar uma violação legal que se tornou comum em determinado contexto histórico, a qual foi praticada por cidadãos que, regra geral, organizam suas relações jurídicas – inclusive aquelas com o Estado – de forma legal e de boa-fé –, permitindo-lhes um caminho de volta para a legalidade fiscal, "virando-se a página" de um período histórico.

A posição contrária ao RERCT também ignora – talvez de forma intencional – que os debates sobre um programa de repatriação de capitais não declarados estão em andamento no Congresso Nacional há aproximadamente dez anos.

O longo tempo de tramitação desta medida faz com que o Brasil não seja um pioneiro, mas sim um verdadeiro retardatário em um processo que se desenvolveu globalmente e que incluiu igualmente países desenvolvidos (por exemplo, Alemanha, Áustria, Bélgica, Canadá, Dinamarca, Estados Unidos, Finlândia, França, Holanda, Itália, Noruega, Reino Unido e Suécia), como países em desenvolvimento (por exemplo Argentina, África do Sul, Chile, Coréia do Sul e Turquia).

Este processo de construção de um caminho para a legalidade vem inserido no contexto do desenvolvimento de um padrão global de transparência fiscal.[4] Em relatório publicado em 2015, a Organização para a Cooperação e Desenvolvimento Econômico (OCDE), fez clara vinculação entre os programas de anistia a capitais não declarados e o desenvolvimento de um sistema global de transparência fiscal:

> "Em termos gerais, programas de declaração voluntária são oportunidades oferecidas pelas administrações tributárias para permitir contribuintes anteriormente inadimplentes a corrigir seus assuntos tributários em termos específicos. Quando redigidos cuidadosamente, programas de declaração voluntária beneficiam a todos os envolvidos – os contribuintes que fazem a declaração, os contribuintes adimplentes e os governos.
> Programas de declaração voluntária complementam o rápido incremento da troca de informações e a habilidade dos governos de detectar a evasão fiscal *offshore*. Eles são uma parte integrante de uma estratégia mais abrangente de adimplemento – eles devem ser considerados como parte

---

cometido ilícitos cambiais" (DUQUE ESTRADA, Roberto. Ainda há mais dúvidas e incertezas sobre a lei de repatriação de recursos. Disponível em http://www.conjur.com.br/2016-abr-06/consultor-tributario-duvidas-incertezas-lei-repatriacao-recursos. Acesso em 23 de outubro de 2016).

4 Sobre o tema, ver: ROCHA, Sergio André. *Troca Internacional de Informações para Fins Fiscais*. Quartier Latin, 2015.

de uma variedade de ações de adimplência que as administrações fiscais e os governos adotam para encorajar todos os contribuintes a cumprirem suas obrigações. [...]."[5]

Vê-se, portanto, que nada há de inconstitucional no RERCT, uma vez que o mesmo deve ser compreendido como um Regime de exceção. Ao invés de contrariar o princípio da moralidade, como também argumenta o PPS na ADI nº 5496, o RERCT materializa o referido princípio, garantindo a um grande número de contribuintes o retorno à adimplência fiscal, reconhecendo uma mudança de contexto social que permite a todos exercerem sua cidadania fiscal.[6]

Obviamente que toda a argumentação apresentada acima baseia-se no caráter excepcional do RERCT. Como dissemos anteriormente, o Regime deve ser visto como uma "virada de página" de uma perspectiva jurídica. A reiteração, em curtos espaços de tempo, de outros regimes de repatriação certamente poria em xeque a natureza do RERCT como uma "ponte para a legalidade" ou um Regime de exceção.

---

[5] OECD. *Update on Voluntary Disclosure Programmes: A pathway to tax compliance*. Paris: OECD, 2015. p. 7. Sobre o tema, ver: BOSSA, Gisele Barra. A Lei de Regularização de Ativos no Exterior sob a Perspectiva Macroeconômica e de Política Fiscal Global. In: PAULA JUNIOR, Aldo de; SALUSSE, Eduardo Perez; ESTELLITA, Heloisa (Coords.). *Regime Especial de Regularização Cambial e Tributária (RERCT): Aspectos Práticos*. São Paulo: Noeses, 2016. p. 225-231.

[6] Heleno Torres, ao se referir aos programas de declaração voluntária de ativos, referiu-se aos mesmos como instrumentos para uma "justiça de transição". Vejam-se suas palavras: "Os programas de '*Offshore Voluntary Disclosure*', nos vários países de democracias consolidadas que os adotaram, inserem-se no ordenamento como medidas de 'justiça de transição', a exemplo do que se verifica com as anistias de ordem política. No caso, para determinar modificações no sigilo bancário, ante os novos modelos de transparência e controlabilidade de dados fiscais de contas com depósitos de origem 'lícita', mediante anistia. O Brasil, por toda sua história de truculências econômicas, não poderia deixar de reconhecer a oportunidade de assumir esta anistia como condição necessária para a transição desejada para o regime de Fisco Global" (TORRES, Heleno Taveira. Programa de Regularização de Ativos Lícitos no Exterior e Direitos à Proteção da Propriedade Privada. In: PAULA JUNIOR, Aldo de; SALUSSE, Eduardo Perez; ESTELLITA, Heloisa (Coords.). *Regime Especial de Regularização Cambial e Tributária (RERCT): Aspectos Práticos*. São Paulo: Noeses, 2016. p. XIII).

QUEM DISSE QUE É FILME?

Feitos esses comentários introdutórios, voltamos nossa atenção para o tema central deste artigo. Há alguns meses que se discute qual seria a base de cálculo do Imposto de Renda e da Multa exigidos para a regularização dos capitais possuídos no exterior: o valor detido em 31 de dezembro de 2014, ou "foto", como se convencionou chamar; ou o valor total mantido no exterior ao longo do tempo – incluindo aqueles valores gastos anteriormente a dezembro de 2014, o que se chamou de "filme".

Esta análise deve ser feita tendo como base o disposto na Lei nº 13.254/2016, a começar pelo exame do § 1º de seu artigo 1º, cuja redação é a seguinte:

> "Art. 1º É instituído o Regime Especial de Regularização Cambial e Tributária (RERCT), para declaração voluntária de recursos, bens ou direitos de origem lícita, não declarados ou declarados com omissão ou incorreção em relação a dados essenciais, remetidos ou mantidos no exterior, ou repatriados por residentes ou domiciliados no País, conforme a legislação cambial ou tributária, nos termos e condições desta Lei.
> § 1º O RERCT aplica-se aos residentes ou domiciliados no País em 31 de dezembro de 2014 que tenham sido ou ainda sejam proprietários ou titulares **de ativos, bens ou direitos em períodos anteriores a 31 de dezembro de 2014, ainda que, nessa data, não possuam saldo de recursos ou título de propriedade de bens e direitos**." (Destaque nosso)

A leitura deste dispositivo deixa aberta a opção pela "foto" ou o "filme". Com efeito, limita-se o § 1º do artigo 1º da Lei nº 13.254/2016 a prever que o RERCT se aplica a ativos, bens e direitos **detidos em períodos anteriores a 31 de dezembro de 2014**. Entretanto, não se esclarece como seria calculado o valor a ser objeto da repatriação.

Também o artigo 3º da Lei em questão é relevante para nossas considerações. Segundo este dispositivo "o RERCT **aplica-se a todos os recursos, bens ou direitos de origem lícita de residentes ou domiciliados no País até 31 de dezembro de 2014, incluindo movimentações anteriormente existentes**, remetidos ou mantidos no exterior, bem como aos que tenham sido transferidos para o País, em qualquer caso, e que não tenham sido declarados ou tenham sido declarados com omissão ou incorreção em relação a dados essenciais". (Destaque nosso)

Este artigo menciona expressamente a possibilidade de inclusão, no RERCT, de movimentações anteriormente existentes. Nada obstante, não se pode perder de vista o escopo deste dispositivo. **O artigo 3º tem por finalidade delimitar os tipos de ativos que podem ser incluídos no Regime, não cuidando da base de cálculo do Imposto de Renda e da Multa.**

O artigo 4º Lei nº 13.254/2016 dispõe sobre a adesão ao RERCT, estabelecendo que "para adesão ao RERCT, a pessoa física ou jurídica deverá apresentar à Secretaria da Receita Federal do Brasil (RFB) e, em cópia para fins de registro, ao Banco Central do Brasil **declaração única de regularização específica contendo a descrição pormenorizada dos recursos, bens e direitos de qualquer natureza de que seja titular em 31 de dezembro de 2014** a serem regularizados, com o respectivo valor em real, ou, **no caso de inexistência de saldo ou título de propriedade em 31 de dezembro de 2014, a descrição das condutas praticadas pelo declarante** que se enquadrem nos crimes previstos no § 1º do art. 5º desta Lei e dos respectivos bens e recursos que possui". (Destaques nossos)

A leitura do artigo 4º joga alguma luz sobre o disposto no artigo 3º, antes comentado, evidenciando que a Lei nº 13.254/2016 criou dois diferentes modelos para a repatriação: um aplicável aos contribuintes que possuem ativos não declarados no exterior em 31 de dezembro de 2014 – em cujo caso o RERCT recairá sobre tais valores existentes nesta data –; e outro aplicável nos casos de ausência de ativos em 31 de dezembro de 2014 – em cujo caso o RERCT recairá sobre os ativos previamente existentes, **embora a Lei não seja precisa sobre como tal cálculo deve ser realizado.**

O artigo 6º da Lei nº 13.254/2016 busca reforçar que o pagamento do principal a ser feito no âmbito do RERCT tem natureza de Imposto de Renda, estabelecendo que, "para fins do disposto nesta Lei, o montante dos ativos objeto de regularização será considerado acréscimo patrimonial adquirido em 31 de dezembro de 2014, ainda que nessa data não exista saldo ou título de propriedade, na forma do inciso II do caput e do § 1º do art. 43 da Lei nº 5.172, de 25 de outubro de 1966 (Código Tributário Nacional), sujeitando-se a pessoa, física ou jurídica, ao pagamento do imposto de renda sobre ele, a título de ganho de capital, à alíquota de 15% (quinze por cento), vigente em 31 de dezembro de 2014".

É possível concluir, portanto, que a análise do disposto na Lei nº 13.254/2016 evidencia:

- que o RERCT abrange ativos detidos no exterior em 31 dezembro de 2014 e em períodos anteriores;
- que havendo ativos existentes em 31 de dezembro de 2014, o seu valor será a base para a repatriação no contexto do RERCT, enquanto que, não havendo ativos nesta data, serão considerados ativos existentes em períodos anteriores; e
- não previu a Lei que, em um caso em que haja ativos em 31 de dezembro de 2014, inclua-se o valor de ativos detidos anteriormente a esta data e não mais existentes na base de cálculo do Imposto de Renda e da Multa.

Tendo em conta os comentários acima, pode-se até questionar se a opção do legislador faz sentido ou não. Contudo, a verdade é (que) pouco importa se a opção legislativa é a mais adequada. Afinal, como bem pondera Klaus Tipke, "deve-se distinguir entre atuações imprudentes e inconstitucionais por parte dos poderes do Estado. Uma atuação pública não pode ser considerada inconstitucional pelo mero fato de que não seja sábia ou prudente".[7]

Esta análise é confirmada pela interpretação da Instrução Normativa nº 1.627/2016, que regulamentou o RERCT. Vejamos o que dispõe o seu artigo 3º:

> "Art. 3º Os recursos, bens e direitos de origem lícita de residentes no País objeto de regularização são os seguintes:
> I - depósitos bancários, certificados de depósitos, cotas de fundos de investimento, instrumentos financeiros, apólices de seguro, certificados de investimento ou operações de capitalização, depósitos em cartões de crédito, fundos de aposentadoria ou pensão;
> II - operação de empréstimo com pessoa física ou jurídica;
> III - recursos, bens ou direitos de qualquer natureza, decorrentes de operações de câmbio ilegítimas ou não autorizadas;
> IV - recursos, bens ou direitos de qualquer natureza, integralizados em empresas estrangeiras sob a forma de ações, integralização de capital, contribuição de capital ou qualquer outra forma de participação societária ou direito de participação no capital de pessoas jurídicas com ou sem personalidade jurídica;
> V - ativos intangíveis disponíveis no exterior de qualquer natureza, como marcas, copyright, software, know-how, patentes e todo e qualquer direito submetido ao regime de royalties;
> VI - bens imóveis em geral ou ativos que representem direitos sobre bens imóveis; e

---

[7] TIPKE, Klaus. *Moral Tributaria del Estado y de los Contribuyentes*. Barcelona: Marcial Pons, 2002. p. 61.

VII - veículos, aeronaves, embarcações e demais bens móveis sujeitos a registro em geral, ainda que em alienação fiduciária."

Nota-se que este dispositivo identifica os diversos tipos de ativos que podem ser objeto de regularização no âmbito do RERCT, sendo a base para o que prevê o § 3º do artigo 7º, dispositivo que efetivamente estabelece os valores que devem ser declarados à Receita Federal. Em textual:

"Art. 7º Deverá constar na Dercat:
[...]
§ 3º Para fins de atribuição do valor em Real dos recursos objeto de regularização **deverá ser observado**:
I - para os ativos referidos nos incisos I e III do caput do art. 3º, **o saldo existente em 31 de dezembro de 2014**, conforme documento disponibilizado pela instituição financeira custodiante;
II - para os ativos referidos no inciso II do caput do art. 3º, **o saldo credor remanescente em 31 de dezembro de 2014**, conforme contrato entre as partes;
III - para os ativos referidos no inciso IV do caput do art. 3º, o valor do patrimônio líquido, proporcionalmente à participação societária ou direito de participação do declarante no capital da pessoa jurídica, **apurado em 31 de dezembro de 2014**, conforme balanço patrimonial levantado nessa data;
IV - para os ativos referidos nos incisos V a VII do caput do art. 3º, **o valor de mercado** apurado conforme avaliação feita por entidade especializada; e
V - para os ativos não mais existentes ou que não sejam de propriedade do declarante em 31 de dezembro de 2014, **o valor presumido nessa data**, apontado por documento idôneo que retrate o bem ou a operação a ele referente.

Considerando ambos os dispositivos (o artigo 3º e o § 3º do artigo 7º da Instrução Normativa nº 1.627/2016), temos o seguinte:

Tipo de Ativo	Valor a ser Declarado
Depósitos bancários, certificados de depósitos, cotas de fundos de investimento, instrumentos financeiros, apólices de seguro, certificados de investimento ou operações de capitalização, depósitos em cartões de crédito, fundos de aposentadoria ou pensão.	O saldo existente em 31 de dezembro de 2014, conforme documento disponibilizado pela instituição financeira custodiante.
Operação de empréstimo com pessoa física ou jurídica.	O saldo credor remanescente em 31 de dezembro de 2014, conforme contrato entre as partes.
Recursos, bens ou direitos de qualquer natureza, decorrentes de operações de câmbio ilegítimas ou não autorizadas.	O saldo existente em 31 de dezembro de 2014, conforme documento disponibilizado pela instituição financeira custodiante.

Tipo de Ativo	Valor a ser Declarado
Recursos, bens ou direitos de qualquer natureza, integralizados em empresas estrangeiras sob a forma de ações, integralização de capital, contribuição de capital ou qualquer outra forma de participação societária ou direito de participação no capital de pessoas jurídicas com ou sem personalidade jurídica.	O valor do patrimônio líquido, proporcionalmente à participação societária ou direito de participação do declarante no capital da pessoa jurídica, apurado em 31 de dezembro de 2014, conforme balanço patrimonial levantado nessa data.
Ativos intangíveis disponíveis no exterior de qualquer natureza, como marcas, copyright, software, know-how, patentes e todo e qualquer direito submetido ao regime de royalties.	O valor de mercado apurado conforme avaliação feita por entidade especializada.
Bens imóveis em geral ou ativos que representem direitos sobre bens imóveis.	O valor de mercado apurado conforme avaliação feita por entidade especializada.
Veículos, aeronaves, embarcações e demais bens móveis sujeitos a registro em geral, ainda que em alienação fiduciária.	O valor de mercado apurado conforme avaliação feita por entidade especializada.
Ativos não mais existentes em 2014.	O valor presumido nessa data, apontado por documento idôneo que retrate o bem ou a operação a ele referente.

A leitura atenta do § 3º do artigo 7º antes transcrito evidencia que apenas nos casos dos ativos mencionados nos incisos V a VII do *caput* do artigo 3º a Instrução Normativa não faz referência expressa a uma avaliação que reflita o valor do ativo em 31 de dezembro de 2014, embora seja essa a interpretação que parece mais correta considerando a disciplina trazida pela Instrução Normativa nº 1.627/2016.

De toda maneira, não há a menor dúvida, tendo em vista o previsto no § 3º do artigo 7º da aludida Instrução Normativa, que **este diploma regulamentar não prevê a obrigação de se considerar, como base para a repatriação, valores gastos ou consumidos ou o resultado financeiro de ativos já alienados**. Veja-se, não que não pudesse ser esta a opção legislativa, mas, como vimos, não foi isso o que estabeleceu a Lei nº 13.254/2016, não podendo a Instrução Normativa nº 1.627/2016 prever regras sem fundamento legal.

Questão interessante é que nem mesmo para os ativos não mais existentes em 31 de dezembro de 2014 previu a Instrução Normativa uma "viagem no tempo" para se determinar exatamente o valor dos ativos detidos pelo contribuinte. Do contrário, estabelece a Instrução Normativa nº 1.627/2016 que, neste caso, deve-se <u>presumir</u> qual seria o valor do ativo em 31 de dezembro de 2014.

Assim sendo, é possível afirmar que, **mesmo no caso de ativos não mais existentes em 31 de dezembro de 2014, <u>a base dos valores a serem declarados à Receita Federal será o valor de tais ativos em 31 de dezembro de 2014</u>**. A única diferença é que, no caso de ativos existentes em 31 de dezembro de 2014, o valor declarado será o valor real do ativo nesta data, enquanto que, no caso de ativos não mais existentes, <u>o valor será também o valor do ativo em 2014</u>, porém, neste caso, um valor presumido. Em outras palavras, **nem para os ativos não mais existentes em 31 de dezembro de 2014 previu-se o tal "filme"**.

A Receita Federal vem sustentando posição diversa da que defendemos acima, sustentando que o contribuinte deveria declarar o "filme", ou seja, deveria considerar o valor dos ativos declarados no tempo, incluindo os valores gastos ou consumidos.[8] Essa posição, além de

---

[8] Veja-se a posição da Receita Federal, apresentada em seu perguntas e respostas: "39) Como declarar bens que foram parcialmente consumidos previamente a 31 de dezembro de 2014?

Quem desejar estender integralmente os efeitos da lei aos bens e às condutas a eles relacionados, deverá informar tanto a parte do bem remanescente em 31 de dezembro de 2014 como a parte consumida.

Dessa forma, serão declarados: o saldo do valor do bem existente em 31 de dezembro de 2014 e o montante consumido na condição de "Ausência de saldo ou de titularidade em 31 de dezembro de 2014" com a descrição das condutas praticadas. (Arts. 4º, § 1º, V; 5º, § 1º, e 6º, § 4º, da Lei nº 13.254, de 2016, e arts. 7º, VIII, e 13 da Instrução Normativa RFB nº 1.627, de 2016).

Nota 1: A inclusão no RERCT de recursos não mais existentes em 31 de dezembro de 2014 está prevista no art. 4º da Lei nº 13.254, de 2016, e sua inclusão estende os efeitos da adesão às condutas diretamente relacionadas a esses bens e direitos.

Nota 2: Para a extensão dos efeitos do RERCT a todas as condutas relacionadas aos bens e direitos havidos em 31 de dezembro de 2014 e em períodos anteriores, é necessário declarar a totalidade dos recursos diretamente relacionados às condutas, o que inclui os bens de que não tenha mais saldo ou propriedade, posse ou titularidade em 31 de dezembro de 2014, e recolher o tributo e multa sobre estes valores.

Nota 3: Não se inclui no conceito de "consumido" a perda de valor do ativo por desvalorização de mercado, hipótese em que o declarante deve fazer constar na Dercat somente o valor do ativo existente em 31 de dezembro de 2014, valorados conforme Pergunta de nº 25.

Nota 4: Vide Parecer PGFN/CAT/Nº 1.035/2016." Disponível em: http://idg.receita.fazenda.gov.br/orientacao/tributaria/declaracoes-e-demonstrativos/dercat-declaracao-de-regularizacao-cambial-e-tributaria/perguntas-e-respostas-dercat. Acesso em 23 de outubro de 2016.

extrapolar os limites textuais da Lei nº 13.254/2016 e da Instrução Normativa nº 1.627/2016, coloca o contribuinte em uma posição de insuperável incerteza e insegurança jurídica, uma vez que, estivesse a interpretação da Receita Federal correta, seríamos obrigados a reconhecer que nem a Lei, nem a Instrução Normativa, estabelecem regras que permitam ao contribuinte determinar o montante a ser declarado à Receita Federal – uma vez que não há nenhuma orientação em nenhum dos dois diplomas normativos a respeito de como se deve visualizar o tal "filme".

QUAIS AS CONSEQUÊNCIAS DA TENTATIVA DE ALTERAÇÃO DA LEI?

As manifestações da Receita Federal no sentido de que os contribuintes deveriam considerar o "filme" na repatriação objeto do RERCT geraram grande insegurança nos contribuintes interessados no Regime. Esta insegurança jurídica resultou em um movimento para que a Lei nº 13.254/2016 fosse alterada, para que se incluísse nesta dispositivo explicitando que a base de cálculo para a incidência do Imposto de Renda e da Multa seria a "foto" em 31 de dezembro de 2014.

Poder-se-ia argumentar que a mera tentativa de alteração do texto legal seria indicação da correção da posição da Receita Federal. Este entendimento, obviamente, não poderia prosperar.

Com efeito, a necessidade de alteração da Lei deu-se não em razão da redação atual da Lei, mas sim das manifestações da Receita Federal na mídia, que geraram insegurança e a busca por uma redação que afastasse qualquer possibilidade de interpretação no sentido de que a Lei nº 13.254/2016 autoriza a tributação com base no dito "filme".

Assim sendo, acreditamos ser irrelevante, para fins de interpretação da Lei nº 13.254/2016 e da Instrução Normativa nº 1.627/2016, todo o esforço que foi feito para alteração da Lei. Afinal, como vimos, os textos da Lei e da Instrução Normativa são suficientemente claros a respeito da base de cálculo dos valores a serem repatriados.

CONCLUSÃO

Diante do exposto, é possível concluir o seguinte:

- O RERCT não é um privilégio odioso, para usar a expressão de Ricardo Lobo Torres. Trata-se, isso sim, de um instrumento constitucional para materialização do princípio da moralidade, reconduzindo milhares de contribuintes, que, por razões históricas, se desviaram do correto cumprimento da legislação tributária, devolvendo-lhes a honestidade fiscal, oferecendo-lhes uma ponte para a legalidade e sua cidadania fiscal. Trata-se de um regime de exceção e, como um regime de exceção deve ser considerado.
- Nem a Lei nº 13.254/2016 nem a Instrução Normativa nº 1.627/2016 estabelecem que a base de cálculo do Imposto de Renda e, consequentemente, da Multa, será determinada considerando o valor total dos ativos, incluindo os montantes gastos ou consumidos anteriormente a 31 de dezembro de 2014.
- Esta afirmação é verdadeira até mesmo para os ativos não mais existentes em 31 de dezembro de 2014, uma vez que, neste caso, estabelece a Instrução Normativa que o valor do ativo será presumido nesta data – e não que será o valor previamente existente. Ou seja, em nenhum caso cogita-se da utilização do tal "filme".
- O fato de ter havido um movimento para a alteração da Lei em nada altera as conclusões apresentadas acima. A tentativa de modificação foi decorrente das manifestações públicas da Receita Federal a respeito de sua interpretação da legislação, a qual vai em sentido oposto à interpretação da legislação considerando seus limites textuais.

2. RESPONSABILIDADE DE ASSESSORES FISCAIS E O RACIOCÍNIO BINÁRIO NO DIREITO TRIBUTÁRIO BRASILEIRO (2017)

Um dos temas mais debatidos no Direito Tributário atual é a responsabilização de assessores fiscais (advogados, contadores, consultores, etc.) no contexto dos planejamentos tributários abusivos realizados por seus clientes.[9]

Em alguns casos recentes, a Receita Federal do Brasil ("RFB") buscou a responsabilização de assessores fiscais tendo como ponto de partida uma interpretação alargada do artigo 124 do Código Tributário Nacional, a qual, na visão do autor, vai além dos limites textuais do referido dispositivo.

Nada obstante, não temos a pretensão, neste breve texto, de analisar as autuações lavradas pela RFB sobre o tema, nem de comentar como o Conselho Administrativo de Recursos Fiscais ("CARF") vem se manifestando sobre a matéria.

Com efeito, o propósito desde texto é apontar como uma parcela significativa dos contribuintes e dos seus assessores não aprende com

---

[9] Atualmente tem sido muito utilizada a expressão "planejamento tributário agressivo", por influência do Projeto BEPS da OCDE/G-20. Contudo, como sustentamos em outro trabalho, ao qual fazemos referência, entendemos que esta expressão só tem sentido no contexto do planejamento tributário internacional. Assim, para situações domésticas utilizaremos a expressão "planejamento tributário abusivo". (Cf. ROCHA, Sergio André. *Política Fiscal Internacional Brasileira*. Rio de Janeiro: Lumen Juris, 2017. p. 227-229).

seus próprios erros argumentativos, dando continuidade à tendência histórica de pensar o Direito Tributário como uma ciência binária, pautada em posições antagônicas absolutas.

Temos destacado, em diversos trabalhos, que o Direito Tributário do Século XXI caracteriza-se por algumas notas como a ambivalência e a hipercomplexidade, típicas da Sociedade de Risco.[10] Entretanto, seus operadores seguem tentando interpretar/aplicar a legislação tributária com um instrumental jurídico típico da sociedade industrial do Século XX, calcado em quimeras jurídicas como determinação conceitual absoluta e tipicidade tributária.

A consequência mais negativa deste "senso comum teórico"[11] que aprisiona o Direito Tributário há décadas é uma forma binária[12] de raciocinar a tributação, a qual tem sido notada em diversos dos mais relevantes temas debatidos nas últimas décadas.

Com efeito, em 2001, quando foi editada a Lei Complementar n. 104, que incluiu o parágrafo único no artigo 116 do Código Tributário Nacional e posteriormente, em 2002, quando se tentou regulamentar este dispositivo por meio da Medida Provisória n. 66, a reação dos contribuintes foi absoluta: nenhuma regra antielisiva seria possível no Brasil, principalmente em razão dos ditos princípios da legalidade estrita e da tipicidade cerrada.[13]

A consequência da posição absoluta adotada pelos contribuintes é bem conhecida. As autoridades fiscais começaram a desconsiderar e requalificar transações e estruturas independentemente da existência

---

[10] Ver, por exemplo: ROCHA, Sergio André. A Tributação na Sociedade de Risco. In: _____. *Tributação Internacional*. São Paulo: Quartier Latin: 2013. p. 16-49; ROCHA, Sergio André. *Política Fiscal Internacional Brasileira*. Rio de Janeiro: Lumen Juris, 2017. p. 1-9; ROCHA, Sergio André. *Troca Internacional de Informações para Fins Fiscais*. São Paulo: Quartier Latin, 2015. p. 21-33.

[11] Sobre o "senso comum teórico", ver: WARAT, Luiz Alberto. *Introdução Geral ao Direito*. Porto Alegre: Sergio Antonio Fabris, 1994. V. I. p. 22.

[12] A crítica à onipresença da lógica bivalente no Direito Tributário Brasileiro foi feita pioneiramente pelo professor Marco Aurélio Greco, a quem rendemos nossa devida homenagem. (Ver: GRECO, Marco Aurélio. *Planejamento Tributário*. 3 ed. São Paulo: Dialética, 2011. p. 493-496).

[13] Vimos defendendo a inexistência de um princípio da tipicidade cerrada, ao menos com a feição sustentada pela doutrina brasileira majoritária. Cf. ROCHA, Sergio André. Existe um Princípio da Tipicidade no Direito Tributário? In: _____. *Estudos de Direito Tributário*. Rio de Janeiro: Lumen Juris, 2015. p. 97-112.

de um procedimento específico, as autuações vêm sendo majoritariamente mantidas pelo CARF e o Poder Judiciário, até o momento, manteve-se ausente no debate, estando a Ação Direta de Inconstitucionalidade que questiona a constitucionalidade do parágrafo único do artigo 116 do Código Tributário Nacional pendente de julgamento desde 2001.

Algo semelhante se passou quando da edição das regras brasileiras de tributação de lucros auferidos por controladas de empresas brasileiras no exterior, atualmente veiculadas pela Lei n. 12.973/2014. A posição binária constitucional/inconstitucional jamais permitiu que o modelo brasileiro efetivamente se movesse em direção a um sistema que se aproximasse da prática internacional, como defendem as empresas multinacionais brasileiras.

Mais recentemente, vimos o mesmo "senso comum teórico" presente no contexto das discussões sobre transparência, sigilo bancário e troca de informações para fins fiscais. Outra vez nota-se uma discussão binária, constitucional/inconstitucional, sem a preocupação com se buscar um meio termo. Há problemas e riscos envolvidos no acesso de informações bancárias diretamente pelas autoridades fiscais? É razoável assumir que sim. Então, o caminho seria buscar solucionar tais problemas e afastar ou reduzir tais riscos. O discurso "tudo ou nada" mais uma vez mostra-se como uma aposta cujos resultados podem ser deletérios.[14]

Esta forma binária de pensar a tributação tem gerado alguns efeitos adversos. Em primeiro lugar, leva a uma polarização das relações entre Fisco e contribuintes. Diante de posições antagônicas absolutas não surge a necessidade de se encontrar espaços de consenso. Vive-se, então, um ambiente institucionalizado de negação do outro e de suas posições, como se elas não tivessem jamais qualquer mérito. Em segundo lugar, da maneira como todos os temas acima comentados evoluíram, verifica-se um aumento da insegurança jurídica dos contribuintes. Aqui percebe-se o grande paradoxo: na tentativa se de alcançar uma ampla segurança jurídica as posições binárias têm sido geradoras de insegurança.

---

[14] Seguindo exatamente esta linha, em meu trabalho sobre troca de informações apresentei ao final uma sugestão de Projeto de Lei que visava efetivamente conciliar a necessária transparência com a proteção dos direitos dos contribuintes. (Cf. ROCHA, Sergio André. *Troca Internacional de Informações para Fins Fiscais*. São Paulo: Quartier Latin, 2015. p. 227-231).

A história está prestes a se repetir no contexto da discussão a respeito da responsabilização dos assessores fiscais por planejamentos fiscais abusivos feitos por seus clientes, tema que desperta candentes reações, principalmente dos próprios assessores fiscais.

Em recente texto, Roberto Duque Estrada apresentou contundente crítica aos autos de infração que vêm sendo lavrados pela RFB incluindo escritórios de advocacia no polo passivo.[15] Contudo, como destacado anteriormente, não é nosso propósito, neste espaço, repisar tais argumentos, uma vez que não nos interessa o presente, mas sim, o futuro.

A responsabilização, de alguma forma, dos assessores fiscais, no contexto dos planejamentos tributários abusivos, é uma tendência global. No contexto do Projeto BEPS (*Base Erosion and Profit Shifting*) da OCDE/G-20 o tema foi cuidado na Ação 12 (*Mandatory Disclosure Rules*)[16] que inclui a obrigação dos chamados *planners* (*promoters* ou *advisers*) de divulgarem planejamentos tributários agressivos feitos por seus clientes.[17]

O trabalho desenvolvido no âmbito da Ação 12 do Projeto BEPS provocou uma consulta pública na União Europeia sobre o papel dos intermediários em esquemas de planejamento tributário agressivo (*Consultation on disincentives for advisors and intermediaries for potentially aggressive tax planning schemes*). De acordo com a chamada desta consulta pública, seus objetivos são: (1) determinar se é necessária ação da União Europeia; (2) caso a mesma seja necessária, quais seriam as opções disponíveis; e (3) a definição do formato para um potencial regime de divulgação mandatória.[18]

---

[15] DUQUE ESTRADA, Roberto. *Carf confirma a inexistência de responsabilidade solidária de advogados*. Disponível em: http://www.conjur.com.br/2017-jun-07/consultor-tributario-carf-afirma-inexistir-responsabilidade-solidaria-advogados. Acesso em 17 de junho de 2017.

[16] Sobre o tema, ver: ROCHA, Sergio André. *Política Fiscal Internacional Brasileira*. Rio de Janeiro: Lumen Juris, 2017. p. 277-280.

[17] OECD. *Mandatory Disclosure Rules*. Paris: OECD, 2015. p. 18.

[18] Disponível em: https://ec.europa.eu/taxation_customs/consultations-get-involved/tax-consultations/consultation-disincentives-advisors-and-intermediaries-potentially-aggressive-tax-planning-schemes_en. Acesso em 17 de junho de 2017.

Individualmente, um dos países mais avançados na matéria é o Reino Unido, onde se encontra em vigor o chamado DOTAS (*Disclosure of Tax Avoidance Schemes*), por meio do qual *promoters* devem informar ao Fisco britânico (*Her Majesty's Revenue and Customs* – HMRC) esquemas de planejamento tributário. São considerados *promoters* aqueles que, ao prestarem serviços: (1) são responsáveis pelo "desenho" de um planejamento tributário; (2) fazem com que o planejamento tributário esteja disponível para outros; (3) organizam a implementação de um planejamento.[19]

O assessor não será considerado um *promoter* se passar em um dos três testes a seguir: (1) o *benign test*, segundo o qual a opinião dada tem uma natureza geral de *compliance*; (2) o *non-adviser test*, em que o assessor não contribui com nenhum aconselhamento fiscal; e (3) o *ignorance test*, pelo qual verifica-se se o assessor não tinha informação suficiente sobre o planejamento para verificar se ele tinha obrigações segundo o DOTAS.[20]

Como se percebe, o tema da atribuição de responsabilidades a assessores fiscais no âmbito do planejamento tributário avança fora do Brasil. É bastante improvável que esta tendência não se faça presente no Brasil em um futuro próximo, não mais via interpretações patológicas das autoridades fiscais, mas sim por meio de alterações na legislação tributária. Ao invés da usual teoria da negação, seria muito mais produtivo que aqueles que participam das atividades fiscais das empresas e indivíduos tomassem a liderança no debate do tema e de como a matéria deve ser tratada por aqui. Entidades como a Ordem dos Advogados do Brasil e o Conselho Federal de Contabilidade, além de outras entidades, associações e a comunidade acadêmica deveriam participar deste debate.

A falta de engajamento e a premissa da inconstitucionalidade/ilegitimidade de qualquer iniciativa de atribuição de responsabilidades a assessores fiscais abre espaço para a iniciativa das autoridades fiscais para o desenho de um modelo desproporcional e não razoável. A história recente comprova esta teoria, ao analisarmos as provisões da Medida Provisória n. 685/2015, que previu a "obrigação de informar à administração tributária federal as operações e atos ou negócios jurídi-

---

[19] Ver: https://www.gov.uk/government/uploads/system/uploads/attachment_data/file/560047/dotas-guidance.pdf. p. 18. Acesso em 17 de junho de 2017.

[20] Ver: https://www.gov.uk/government/uploads/system/uploads/attachment_data/file/560047/dotas-guidance.pdf. p. 20. Acesso em 17 de junho de 2017.

cos que acarretem supressão, redução ou diferimento de tributo". Embora esta Medida Provisória não tenha sido convertida em lei, não há nenhuma indicação de que as autoridades fiscais não buscarão editar diploma semelhante no futuro, de modo que o momento é adequado para se provocar o debate sobre o tema.

Mais uma vez temos a oportunidade de tentar uma nova abordagem na solução de questões tributárias complexas. O raciocínio binário, absoluto, "tudo ou nada", não tem se mostrado favorável ao desenvolvimento de um sistema tributário justo e provedor de segurança jurídica. Diz-se que falta clareza quanto ao conceito de planejamento tributário abusivo. De fato, a incerteza que se faz presente neste campo é inegável. Então, por que não trabalhar para o desenvolvimento deste tipo? Por que não trabalhar junto com as autoridades fiscais para o desenvolvimento de regras mais claras, para a criação de um procedimento específico aplicável nesses casos, para a previsão de regras de exceção, de penalidades específicas.

O próprio debate a respeito de regras de divulgação obrigatória de planejamentos tributários abusivos tem um papel importante neste contexto. Estas regras são uma tendência global e certamente aportarão no Brasil, mais cedo ou mais tarde. Obviamente não deveriam refletir a Medida Provisória n. 685/2015, para o que certamente será necessário o engajamento dos contribuintes. Entretanto, tal engajamento só será possível se houver o reconhecimento de que há mérito também na pretensão da outra parte. Uma atitude de negação nos levará a mais do mesmo: eventual aprovação de regras anacrônicas, com a aposta em um julgamento pelo Supremo Tribunal Federal no sentido de sua inconstitucionalidade, o que pode levar dez anos, vinte anos, ou mais.

Os recentes escândalos de corrupção pelo qual o Brasil vem passando têm consequências bastante deletérias sobre as relações entre o público e o privado. Os necessários espaços de consenso são substituídos por cápsulas de isolamento. Os representantes do setor público vivem com constante receio de que suas ações corretas, regulares, republicanas, sejam confundidas com favorecimentos. Da mesma maneira, o *compliance* das empresas vai defender um cada vez maior afastamento das autoridades fiscais. Não parece ser possível um efetivo desenvolvimento do Direito Tributário Brasileiro, nos marcos dos problemas do Século XXI, sem uma mudança na forma de relacionamento entre o Fisco e os contribuintes, a qual deve ter como ponto de partida o reconhecimento da alteridade de cada lado.

3. REFORMA TRIBUTÁRIA E O "NOVO LUCRO REAL": DIAGNÓSTICO (2019)

PREÂMBULO

No contexto do ambiente reformista em que vivemos, a Receita Federal do Brasil vem apresentando, em diversos seminários, conferências e encontros, alguns pontos de partida para uma reforma estrutural da apuração do Imposto de Renda das Pessoas Jurídicas ("IRPJ") e, consequentemente, dos demais tributos federais apurados pelas empresas. Não se trata, ainda, de uma proposição legislativa, mas de ideias, conceitos e pontos de partida que vêm sendo apresentados e retocados. A motivação da iniciativa da Administração Tributária é clara: a necessidade de tornar a apuração dos tributos federais menos dependente dos voláteis IFRS – *International Financial Reporting Standards*.

Escreverei três artigos sobre o tema do "Novo Lucro Real", como ficou conhecida esta proposta da Receita Federal. Inicialmente, pretendia apresentar esta análise em um artigo único. Contudo, a necessidade de aprofundar alguns temas tornou esta pretensão incompatível com o limite de caracteres deste espaço.

Dessa forma, serão três artigos: este, com foco no **diagnóstico do problema** que levou as autoridades fiscais a se moverem em direção a uma reforma tão importante do IRPJ. Um segundo texto, que terá como objetivo analisar a proposta da Receita Federal, pelo que se tem conhecimento dela. Ou seja, o segundo artigo considerará o **remédio** proposto. Por fim, no terceiro estudo consideraremos como a solução está sendo justificada. Em outras palavras, neste terceiro artigo o foco será as **razões dadas ao paciente para aceitar o diagnóstico e tomar o remédio**.

CARACTERÍSTICAS FUNDAMENTAIS DOS IFRS

Em 28 dezembro de 2007, eu trabalhava num grande escritório de advocacia. Os fogos estavam quase estourando na Praia de Copacabana, quando uma novidade legislativa transformou o clima natalino e as celebrações de fim de ano que se aproximavam: foi editada a Lei nº 11.638.

A Lei nº 11.638/2007 abriu caminho para a adoção dos *International Financial Reporting Standards – IFRS* como padrão contábil brasileiro, trazendo uma mudança absolutamente disruptiva na relação entre tributação e contabilidade.

A **primeira mudança** relevante foi a deslegalização da contabilidade, com a transferência para o Comitê de Pronunciamentos Contábeis – CPC da atribuição de regulamentar o novo padrão contábil. Fala-se, por vezes, que a Lei nº 11.638/2007 implementou os IFRS no Brasil. Essa afirmação não nos parece correta. A lei abriu o caminho, mas a implementação dos IFRS se deu por intermédio dos atos editados pelo CPC. Desde aquele 2007, que já parece longínquo, CPC deixou de ser Código de Processo Civil para uma parcela significativa dos tributaristas brasileiros, passando a designar o poderoso órgão responsável pela importação dos IFRS.

Uma **segunda consequência** notável da edição da Lei nº 11.638/2007 foi uma libertação do profissional da área contábil da dominação que lhe tinha sido imposta pela legislação tributária.

Com efeito, seja por comodismo, por ignorância, ou puro bom-senso em se querer evitar questionamentos fiscais, a contabilidade brasileira tinha se deixado dominar pela legislação tributária, pelos desígnios da Receita Federal, e tinha se desconectado do investidor enquanto destinatário das informações geradas sobre a situação financeira das entidades.

Essa libertação veio conectada com uma **terceira mudança** fundamental decorrente dos IFRS: de um padrão contábil orientado pelo o que interessava para o cálculo dos tributos, passou-se a um padrão pautado pela prestação da melhor informação possível para o mercado sobre a capacidade da entidade de gerar fluxos de caixa futuros. Ou seja, o principal "cliente" das demonstrações contábeis deixou de ser o Fisco e passou a ser o mercado.

O poder de julgamento do contador é acentuado por uma **quarta característica** dos IFRS, que é o seu caráter principiológico e finalístico. Não se trata de um padrão contábil estatutário, que comanda este ou aquele registro, nesta ou naquela conta. Muitas vezes há um *standard* e caberá ao contador tomar a decisão concreta de como contabilizar determinada transação. Há vezes em que o contador da empresa e seu auditor externo divergem sobre a contabilização em certo caso, e que, um terceiro chamado para opinar, não concorda com nenhum dos dois.

A **quinta modificação** para a qual chamamos a atenção é a mudança de uma contabilidade feita para refletir o passado – já que tinha como principal cliente a autoridade fiscal – para um padrão mais interessado em estimar o futuro – já que focado na identificação da capacidade da empresa de geração de fluxos de caixa futuros.

Isso faz com que as demonstrações contábeis passem a trazer, mais e mais, lançamentos de fatos econômicos presumidos, não realizados, mas que podem ter o resultado A ou B no futuro, ao invés de refletirem situações já consolidadas.

Temos, nesse caso, uma consequência de um **sexto pilar** dessa modificação, que é a forte prevalência de uma certa visão econômica sobre a forma jurídica dos atos e negócios praticados. Note-se, e este ponto é importante, que essa visão de essência econômica não é, em si, nem melhor nem pior do que a percepção formal anterior. Ela é uma opção que tem sempre um fim último: permitir que o investidor tenha a melhor informação possível sobre o futuro da empresa.

Em outras palavras, a essência dos fatos econômicos, neste caso, não é ontológica. Ela é uma escolha, tecnicamente justificável, no meio a diversas outras possíveis, da forma de prestação da informação que melhor atende ao investidor.

Essa premissa vai fazer com que tenhamos diversas mudanças no que se refere ao reconhecimento de fatos econômicos – como acontece no caso do arrendamento mercantil, tratado no Pronunciamento CPC 06-R2 –, da mesma maneira que temos modificações em relação à mensuração dos fatos econômicos – como ocorre no caso das Avaliações a Valor Justo (CPC 46) e do Teste de Recuperabilidade (CPC 01).

IFRS E TRIBUTAÇÃO

Logo que foi publicada a Lei nº 11.638/2007, iniciaram-se os debates sobre os efeitos da adoção do novo padrão contábil sobre a tributação da renda, do lucro e da receita das empresas. Contudo, tendo vivido aquela época, tenho a impressão de que não se tinha, de maneira alguma, a percepção do tamanho do problema.

O ano de 2008 foi particularmente tenso. Não se sabia o que aconteceria. Algumas Soluções de Consulta da Receita Federal manifestaram interpretação pela aplicação imediata da legislação tributária sobre os fatos reconhecidos e mensurados com base na nova contabilidade. O momento era de apreensão. Começava-se a falar em neutralidade tributária dos IFRS, mas sem uma clareza sobre o que isso significaria.

Foi nesse contexto que foi editada a Medida Provisória nº 449/2008, posteriormente convertida na Lei nº 11.941/2009, que instituiu o hoje saudoso Regime Tributário de Transição – RTT.

Por mais que o RTT não tenha sido imune a controvérsias, ele foi um modelo abrangente de neutralidade fiscal dos IFRS. De fato, o artigo 16 da Lei nº 11.941/2009 trazia uma regra ampla no sentido de que qualquer lançamento contábil decorrente dos IFRS, com impacto sobre o reconhecimento de custos, despesas e receitas, incluídos no cálculo do lucro líquido, seriam desconsiderados para fins tributários.

Como se sabe, o RTT foi extinto com a edição da Lei nº 12.973/2014. Este diploma adotou um modelo diferente de adequação entre a tributação da renda, do lucro e da receita e os IFRS. Com efeito, ao invés de uma regra geral de neutralidade, como tínhamos durante a vigência do RTT, a opção, neste caso, foi por um modelo baseado em um catálogo de ajustes para registros contábeis específicos.

Talvez não houvesse mesmo opção. A base do RTT era uma comparação entre dois padrões contábeis. O padrão brasileiro em vigor até dezembro de 2007 e os IFRS. A não ser que a contabilidade brasileira pré-IFRS se tornasse eterna para fins fiscais, seria inevitável uma outra forma de ajuste.

Pouco mais de cinco anos após a edição da Lei nº 12.973/2014 salta aos olhos de quem se dedica ao estudo dessa matéria um fato inquestionável: o buraco é muito, mas muito mais embaixo.

O legislador, em 2014, não teve a percepção de que é virtualmente impossível enclausurar os IFRS. Sendo um padrão contábil principiológico a pretensão de listar registros contábeis e os efeitos fiscais respectivos mostrou-se uma quimera.

Ademais, como apontamos, a tal essência econômica não é ontológica, é ditada pela análise de ocasião dos especialistas sobre como melhor refletir os fatos econômicos de modo a prover os investidores com as melhores informações.

Portanto, as mutações nos IFRS são constantes. Não se trata de um padrão estático, mas sim, de algo dinâmico, em constante construção. Ou seja, não só é difícil catalogar todos os registros contábeis possíveis nos IFRS hoje, como não se pode contar que o *standard* que prevalece hoje ainda prevalecerá amanhã.

Essas breves observações mostram que o modelo de inter-relação entre contabilidade e tributação, introduzido pela Lei nº 12.973/2014, é de difícil – mas não impossível – administração no longo prazo. Muito se diz que nosso erro foi ter implementado os IFRS nos balanços individuais de todas as empresas. Contudo, não adianta rebobinarmos a fita – essa é para quem lembra o que é uma fita cassete –, a volta no tempo só existe nos cinemas por enquanto.

POSSÍVEIS OPÇÕES

Diante do quadro apresentado acima, podemos considerar algumas opções.

1. **Manter como está:** A primeira opção é mantermos como está, apostando no modelos da Lei nº 12.973/2014.

    Essa opção, que sem dúvida é possível, terá como consequência inevitável o surgimento de um contencioso monumental entre Fisco e contribuintes. Há dezenas e dezenas de situações que simplesmente não encontram uma disciplina explícita na Lei nº 12.973/2014. Nesses casos, os contribuintes tomam decisões interpretativas com base na estrutura da legislação tributária. A probabilidade de as autoridades fiscais concordarem com a posição dos contribuintes na totalidade dos casos é baixa.

    Por exemplo, não raro se esquece que não há um IFRS, mas dois. Temos o "IFRS Full", para aquelas empresas que estão obrigadas a aplicar a integralidade dos Pronunciamentos e Interpretações do CPC, mas há também o CPC PME, que traz o padrão contábil aplicável a pequenas e médias empresas – lembrando aqui que não estamos falando de empresas do SIMPLES, mas de empresas com ativo total inferior a R$ 240.000.000,00 ou receita bruta anual inferior a R$300.000.000,00.

Além de situações interpretativas, há casos onde a concordância entre as autoridades fiscais e todos os contribuintes é simplesmente impossível, uma vez que há efeitos antagônicos. Ou seja, há situações onde o mercado já se dividiu, já que para alguns contribuintes a interpretação "A" é melhor, enquanto para outros a interpretação "B" leva a um resultado mais favorável. Portanto, nessas situações – todas as que têm a variação do câmbio como pano de fundo, por exemplo – a controvérsia é inevitável.

Por fim, há questões relacionadas à própria decisão contábil. A questão principal aqui é: qual a competência da Receita Federal para questionar não o efeito tributário, mas a contabilização de determinado fato econômico?

Manter como está é até possível para certas empresas. Não se pode, de maneira alguma, esquecer que nem todas as empresas têm efeitos relevantes de IFRS. Contudo, naqueles casos onde os impactos são muitos e são relevantes, a manutenção do regime inaugurado com a edição da Lei nº 12.973/2014 será uma fonte inesgotável de controvérsias.

2. **Editar uma regra geral de neutralidade:** A segunda possibilidade seria a inclusão de uma regra geral de neutralidade fiscal na Lei nº 12.973/2014.

Ao que tudo indica, a premissa da Lei nº 12.973/2014 era de que todos os efeitos fiscais potenciais dos IFRS teriam sido disciplinados. A prática prova que isso não é verdade. Há, portanto, diversas situações onde as empresas têm que tomar decisões sobre as consequências tributárias de determinado lançamento contábil sem uma orientação explícita da lei.

Uma vez que as mudanças contábeis posteriores à Lei nº 12.973/2014 são neutras até que seja editada uma lei regulando seus efeitos (artigo 58), uma regra geral no sentido da neutralidade dos IFRS (mesmo na ausência de disposição específica), poderia reduzir as potenciais controvérsias nesta área. Não seria um dispositivo de fácil redação – afinal, como já comentamos, ao contrário do que ocorria no período de vigência do RTT, não há uma base para comparação –, mas ainda assim seria uma opção.

3. **Atualizar constantemente a Lei no 12.973/2014:** Uma terceira alternativa seria atualizar, constantemente, a própria lei.

   Com efeito, hoje temos um conhecimento muito mais amplo dos potenciais hiatos da Lei nº 12.973/2014. Certamente seria possível uma regulação, na própria lei, mais detalhada das consequências dos registros de com base no novo padrão contábil. Essa opção poderia, inclusive, ser adotada juntamente com a segunda alternativa: seria possível fazer uma grande revisão da Lei nº 12.973/2014, aproveitando-se para incluir na mesma uma regra geral de neutralidade dos IFRS.

4. **Criar uma apuração própria para os tributos federais:** A quarta alternativa seria o que parece ser a proposta da Receita Federal: a previsão de regras específicas para a apuração dos tributos federais desvinculada, ao menos em parte, da contabilidade. Da perspectiva de proteger a apuração dos tributos das incertezas e mudanças dos IFRS, é uma opção bastante tentadora. De outra parte, há que se ter muito cuidado para que o efeito não seja o inverso, criando-se uma nova camada de complexidade, ao invés de simplificação e certeza.

CONCLUSÃO

Como mencionamos no início deste artigo, nossa proposta, aqui, era fazer um diagnóstico do problema. A conclusão a que chegamos é de que é inegável que, sem alguma mudança, caminharemos para um ambiente litigioso. As empresas tendem a prestar atenção aos eventos que têm potenciais impactos financeiros no resultado do ano corrente. Dificilmente elas conseguem projetar riscos futuros não materializados. Talvez a aplicação, a partir deste ano, da Interpretação Técnica CPC nº 22 (Incerteza sobre Tratamento de Tributos sobre o Lucro) as obrigue a identificar algumas situações de risco decorrentes das incongruências entre IFRS e tributação. Feito o diagnóstico e identificada a enfermidade, resta a questão: qual o melhor remédio?

4. REFORMA TRIBUTÁRIA: PILARES DE UMA REFORMA TRIBUTÁRIA IDEAL (2019)

PREÂMBULO

Conforme o começo do fim da reforma da previdência se aproxima, os debates sobre a esperada reforma tributária, que já vinham protagonizando discussões acaloradas desde a apresentação da Proposta de Emenda Constitucional nº 45 ("PEC 45"), caminharam para o palco principal.

Diante da relevância do tema, resolvi escrever uma série de artigos para o Consultor Jurídico sobre reforma tributária. Este primeiro texto se dedicará a analisar os pilares de uma reforma ideal do Sistema Tributário Nacional.

1. UMA REFORMA, DIVERSOS CONFLITOS

Em alguns debates sobre reforma tributária parece haver subjacente um certo desprezo pelas dificuldades envolvidas na sua realização. É como se a mesma nunca tivesse sido implementada por acomodação, falta de patriotismo, parcialidade em favor da complexidade, etc.

A verdade, porém, é que uma reforma tributária expõe conflitos que não são simples de ser superados.

Em primeiro lugar, considerando o modelo de federalismo fiscal presente na Constituição Federal de 1988, uma reforma tributária evidencia conflitos intrafederativos complexos. União Federal de um lado, Estados e Municípios de outro; Estados entre si; Municípios entre si; e Estados contra Municípios. Os interesses dos diversos entes federativos não são necessariamente alinhados.

Além desses conflitos intrafederativos, há conflitos entre o Estado (considerado aqui em sentido amplo) e os contribuintes. Para o Estado, a tributação é instrumental para a manutenção de um determinado nível de arrecadação, necessária para o custeio das atividades públicas. Portanto, enquanto os contribuintes buscam a redução da carga tributária, não raro as reformas tributárias acabam resultando no seu incremento.

Em acréscimo à questão da carga tributária em si, a questão federativa gera um outro nível de conflito entre Estado e contribuintes, relativo à complexidade do Sistema Tributário Nacional. Com efeito, os diversos níveis de competência tributária criam um emaranhado complexo, difícil de interpretar, além de sobreposições de competência que várias vezes colocam o contribuinte no centro de disputas interfederativas.

Por fim, há conflitos entre contribuintes. Não há um modelo que seja igualmente vantajoso para empresas de todos os setores, embora a **neutralidade** deva ser um vetor de qualquer sistema tributário. Em parte, um número considerável das complexidades do Sistema atual é decorrente da luta por tratamentos fiscais diferenciados. Assim, quando se inicia o debate a respeito de uma reforma tributária abrangente, naturalmente começam as análises setoriais sobre a defesa do melhor regime de tributação.

Percebe-se, portanto, que a incapacidade de realização de uma reforma tributária que redefina os marcos do Sistema Tributário Nacional não é sinal de desinteresse ou acomodação. Trata-se de uma reforma das mais difíceis, talvez até mais difícil do que a reforma da previdência, se considerarmos os aspectos políticos envolvidos.

2. EM BUSCA DA REFORMA TRIBUTÁRIA IDEAL

Nas discussões atuais sobre reforma tributária, temos um verdadeiro samba de uma nota só: simplificação. É uma preocupação razoável, já que não há a menor dúvida de que, para um número significativo de contribuintes, o Sistema Tributário Nacional é complexo.

Contudo, a complexidade não atinge a todos. Talvez para a maioria dos contribuintes pessoas jurídicas, que pagam seus tributos pelo SIMPLES ou pelo Lucro Presumido, a complexidade não seja o maior dos problemas. Porém, para as grandes empresas, que são responsáveis pela maior fatia da arrecadação, certamente a complexidade é uma característica inafastável da tributação.

Portanto, podemos estabelecer que um dos pilares de uma reforma tributária ideal é a **simplificação**.

Outro aspecto fundamental em uma reforma tributária é a consideração das já referidas **questões federativas**.

Recentemente, quando se apresenta qualquer argumento relacionado à necessidade de manutenção da integridade do pacto federativo ele é recebido com desdém. Alega-se que não se pode deixar que questões jurídicas se imponham à eficiência econômica. Contudo, esta é uma das funções da Constituição: impor os direitos fundamentais e demais cláusulas pétreas à eficiência econômica utilitarista.

Portanto, a discussão federativa não é irrelevante, não é "juridiquês" inerte. **A adoção de uma reforma tributária que esteja alinhada ao modelo federativo brasileiro** é um dos pilares de uma reforma tributária ideal.

Um terceiro pilar que deve orientar uma reforma tributária, e certamente o mais esquecido, é a **justiça**. A justiça de um sistema tributário deve levar em consideração diversos aspectos: (a) a carga tributária; (b) a distribuição da carga tributária pelos fatos econômicos; e (c) a alocação da carga tributária em função da capacidade econômica dos contribuintes.

Além desses aspectos, uma reforma tributária ideal deve **projetar-se para o futuro**. O Sistema Tributário Nacional foi estruturado sobre fatos econômicos típicos da economia industrial. Uma reforma tributária disruptiva deve ser capaz de alcançar os fatos econômicos da economia digital, ao menos aqueles que podemos antever.

Estabelecidos os pilares de uma reforma tributária ideal, nos itens a seguir comentaremos com um pouco mais de detalhes cada um deles, a começar pelo que nos parece mais relevante, uma vez que deve pautar os demais: a justiça.

3. A REFORMA TRIBUTÁRIA IDEAL DEVE SER JUSTA

O primeiro pilar de uma reforma tributária ideal é a justiça. A divisão dos encargos fiscais entre os cidadãos deve ser justa e pautada pelo valor solidariedade, conforme previsto no artigo 3º, I, da Constituição Federal.

A solidariedade significa que o sistema fiscal deve ser orientado por impostos que levem em conta a capacidade econômica dos contribuintes, fazendo com que aqueles que têm maior capacidade contributiva arquem com o custo de serviços públicos que na maioria das vezes não os beneficiam diretamente, mas sim àqueles mais pobres que muitas vezes não têm condições de contribuir.

Neste contexto, uma primeira discussão que surge ao se considerar a justiça do sistema é a **carga tributária** em si. É muito comum argumentar-se que a carga tributária brasileira é alta. Esta percepção é anabolizada pelos diversos casos de corrupção e má administração dos recursos públicos.

Contudo, a carga tributária não pode ser considerada alta ou baixa em abstrato. O quanto um país deve arrecadar é uma função das despesas públicas.

Considerando a situação de déficit orçamentário estrutural que o Brasil tem enfrentado nos últimos anos, é consenso que, no curto e talvez no médio prazo não é possível uma redução da carga tributária. Reduzir a carga tributária seria uma medida de injustiça financeira, na medida que exporia o país a riscos de desequilíbrio orçamentário que colocariam em xeque desde o financiamento de despesas com saúde e educação, até o pagamento de salários, aposentadorias e pensões.

Ora, se a carga tributária não pode ser reduzida neste momento a questão principal é **como ela deve ser distribuída**.

Uma crítica rotineiramente feita ao Sistema Tributário Nacional é que ele é injusto por ser regressivo. Um tributo regressivo incide com uma única alíquota independentemente da capacidade econômica daquele que suporta seu encargo financeiro. Vejamos o seguinte exemplo.

Imaginemos uma mercadoria que custa R$ 300,00, que está sujeita a um tributo cuja alíquota é 10% (o custo fiscal seria R$ 30,00). Esta mercadoria é adquirida por quatro pessoas: **A**, que tem uma remuneração mensal de R$ 1.000,00; **B**, que recebe R$ 10.000,00; **C**, que recebe R$ 100.000,00; e **D** que recebe R$ 1.000.000,00 por mês. Na tabela abaixo, vemos o peso da tributação para cada indivíduo.

A	B	C	D
3%	0,3%	0,03%	0,003%

Como regra, os mais pobres consomem integralmente a sua renda. Assim, no exemplo acima teríamos que o sujeito A pagaria 10% de sua renda a título de tributo. Por mais que consumisse muito mais que o sujeito A, o indivíduo D talvez não tivesse 1% de sua renda tributada.

Percebe-se que, quanto maior a riqueza menor é o impacto da tributação. Este modelo é o contrário de um sistema justo, que tributa a renda das pessoas (seja ela poupada ou consumida) de forma progressiva, aumentando a alíquota do tributo conforme a capacidade contributiva aumenta.

De todos os tributos já criados, nenhum é capaz de levar em consideração a capacidade econômica individual dos contribuintes como o **Imposto de Renda**. Não é que ele seja perfeito na captura da capacidade contributiva, mas ele certamente é superior a todos os demais.

Dessa forma, podemos estabelecer que o segundo critério para uma reforma tributária justa é a **redução da regressividade** do Sistema Tributário Nacional com a recuperação da capacidade de arrecadação do Imposto de Renda.

Por último, se o foco de um sistema tributário justo é a distribuição da carga tributária entre aqueles que têm capacidade de contribuir, é razoável que ela seja alocada em diversos fatos econômicos. A ideia de um tributo único, por mais sedutora que seja, tende a permitir uma elisão sistemática, principalmente para aqueles que têm mais recursos. Desta forma, **uma reforma tributária justa considerará algumas bases de incidência distintas, sempre indicativas da capacidade econômica para contribuir**.

4. A REFORMA TRIBUTÁRIA DEVE RESPEITAR O PACTO FEDERATIVO

A esta altura dos debates sobre reforma tributária, sabe-se duas coisas: (i) a autonomia financeira é parte integrante da autonomia federativa; e, portanto, (ii) qualquer proposta de reforma tributária terá, **obrigatoriamente**, que levar em consideração a questão federativa.

Como apontamos anteriormente, falar em preservação da federação não é "juridiquice" ou objeção de advogados receosos de perderem seu espaço para economistas. A preservação do modelo federativo é cláusula pétrea, que nem mesmo emendas à constituição podem alterar (artigo 60, § 4º, I, da Constituição Federal).

Embora pareça unânime que a preservação do pacto federativo é requisito essencial de qualquer proposta de reforma tributária, há controvérsia a respeito de como tal autonomia financeira deve se concretizar: se pela atribuição de competências tributárias a cada ente federativo ou se mediante o rateio de receitas tributárias.

Há quem defenda que a única forma de estruturar um sistema tributário em conformidade com a Constituição é que os entes federativos tenham competências tributárias próprias relevantes e que partilhem a arrecadação federal (Estados e Municípios) e estadual (Municípios). De outro lado, há aqueles que sustentam que basta a repartição de receitas, que garanta aos entes subnacionais recursos suficientes para fazer face às suas despesas, para que se respeite o pacto federativo.

Caso seja aprovada uma reforma tributária que coloque um fim a tributos estaduais e municipais de grande força arrecadatória, esta questão – de quebra do pacto federativo – terá que ser decidida pelo Supremo Tribunal Federal. Contudo, não se deve jamais tratar este tema como irrelevante.

Naturalmente, se a discussão é sobre tributos estaduais e municipais, eventual reforma nesse sentido requererá um difícil consenso político. Sendo o mesmo alcançado, com a proposta sendo acolhida por Estados e Municípios, sua legitimidade será mais forte. Contudo, uma reforma que exclua as competências estaduais e municipais contra sua manifestação – manifestação dos Estados enquanto entes políticos, não por meio de sua representação no Senado Federal –, ela enfrentará uma difícil discussão de legitimidade constitucional.

5. REFORMA TRIBUTÁRIA E SIMPLIFICAÇÃO

É inquestionável que o Sistema Tributário Nacional deve ser simplificado. Nada obstante, como vimos, a simplificação não é um valor absoluto. Ela deve ser buscada, mas não pode ser alcançada às custas da justiça do sistema ou da manutenção do pacto federativo.

Assim, já podemos rejeitar qualquer proposta que, como instrumento de simplificação, gere maior regressividade; que a pretexto de "alargar" a base tributária, distribua a mesma para aqueles que não teriam capacidade econômica para contribuir ou onerem os mais pobres com a mesma carga que os mais ricos; ou, ainda, que coloque em xeque a autonomia financeira dos entes federativos.

A existência de limites para a simplificação não significa, de maneira alguma, que haja pouca margem para a mesma. Somente na tributação federal há muito o que fazer em termos de eliminação de incidências, simplificação de bases, fusão de tributos, redução de deveres instrumentais, etc.

No campo da tributação estadual igualmente, há bastante a ser feito em termos de harmonização sem que seja necessária a sua extinção. O mesmo se diga da tributação municipal.

Portanto, não há dúvidas de que uma proposta de reforma tributária que não leve em consideração a demanda por simplificação certamente não atenderá aos anseios de parcela significativa do empresariado brasileiro. Dessa maneira, a reforma tributária ideal simplificará o Sistema Tributário Nacional. Contudo, não a qualquer custo, mas sendo pautada pelos valores justiça e solidariedade, e pela manutenção do pacto federativo.

6. PROJEÇÃO PARA O FUTURO

Como mencionamos, uma das grandes críticas ao Sistema Tributário Nacional é que o mesmo se estruturou sobre fatos econômicos da economia industrial. Necessita-se, agora, de um sistema tributário 4.0, que se projete para o futuro.

Nessa linha de ideias, qualquer proposta de reforma tributária deve ter em conta o futuro. Não só os fatos econômicos do futuro, que se apresenta já como presente, mas a própria forma de circulação de riquezas. Por exemplo, na alvorada das criptomoedas, quando tanto se fala no potencial disruptivo da Libra, a moeda virtual desenvolvida pelo Facebook, seria razoável estruturar um sistema tributário baseado na circulação financeira de moeda?

Temos insistindo que não existe uma "economia digital", mas sim diversas faces da digitalização da economia, que geram desafios tributários absolutamente distintos e independentes. Os desafios de qualificação dos fatos econômicos não são os mesmos da tributação das plataformas digitais, os desafios internacionais de divisão das receitas tributárias não são os mesmos da impressão 3-D, os desafios da robótica avançada não são os mesmos da tributação dos gigantes da informática.

É claro, portanto, que uma proposta de reforma tributária deve ter em conta os efeitos da digitalização da economia, sob pena de se tornar o sistema incapaz de arrecadar os recursos necessários para financiar as despesas públicas.

7. CONCLUSÃO

Não temos a pretensão de esgotar um tema tão complexo nos limites de um artigo como este. A finalidade deste texto era colocar as premissas que serão a base da análise das propostas em discussão.

5. REFORMA TRIBUTÁRIA. PEC 45: UMA PROPOSTA, VÁRIOS TRIBUTOS (2019)

PREÂMBULO

A partir deste artigo, analisarei as principais propostas em debate, começando pela Proposta de Emenda Constitucional nº 45 ("PEC 45"), em sua versão original.

A opção por começar pela PEC 45 se justifica por várias razões. Em primeiro lugar, sem a menor dúvida esta é a proposta que mais se debateu nos meios acadêmico, profissional e empresarial ao longo de 2019. Ademais, em vinte anos de vida na área tributária, nunca vi um trabalho tão sério e dedicado para o desenvolvimento de uma proposta de reforma como neste caso. Concordemos ou discordemos da proposta, há que se reconhecer o trabalho árduo dos membros do Centro de Cidadania Fiscal no seu desenvolvimento.

A PEC 45 é por demais complexa para ser analisada integralmente em um texto só, em um artigo limitado a quinze mil caracteres (com espaços). Portanto, dedicaremos pelo menos dois artigos a esta proposta. Talvez até mais.

Neste primeiro estudo sobre a PEC 45 analisaremos um tema que vem sendo esquecido, tratado como coadjuvante de menor importância, ou como aquele figurante que fica na mesa no fundo do restaurante, enquanto o protagonista IBS ("Imposto sobre Bens e Serviços") brilha em cena. Estamos nos referindo ao(s) tributo(s) extrafiscal(is) para inibir o consumo, previsto(s) no novo inciso III, do artigo 154, da Constituição Federal.

1. A NOVA COMPETÊNCIA EXTRAFISCAL NA PEC 45

A PEC 45 dá nova redação ao artigo 154 da Constituição Federal, que passaria a viger com a inclusão do inciso III abaixo:

> "Art. 154. A União poderá instituir:
> I - mediante lei complementar, impostos não previstos no artigo anterior, desde que sejam não-cumulativos e não tenham fato gerador ou base de cálculo próprios dos discriminados nesta Constituição;
> II - na iminência ou no caso de guerra externa, impostos extraordinários, compreendidos ou não em sua competência tributária, os quais serão suprimidos, gradativamente, cessadas as causas de sua criação.
> **III – impostos seletivos, com finalidade extrafiscal, destinados a desestimular o consumo de determinados bens, serviços ou direitos.**" (Destaque nosso)

Vamos analisar este dispositivo a seguir, decompondo cada uma de suas partes.

1.1. IMPOSTOS

A primeira palavra deste novo inciso III é cheia de significado. Em primeiro lugar, temos que a competência é para a criação de impostos. Portanto, a espécie tributária é aquela prevista no artigo 16 do Código Tributário Nacional, que é "o tributo cuja obrigação tem por fato gerador uma situação independente de qualquer atividade estatal específica, relativa ao contribuinte".

A PEC 45 não traz nenhuma delimitação das hipóteses de incidência em potencial de tais impostos. Porém, tratando-se de impostos deverão, necessariamente, ter por hipóteses de incidência situações denotativas de capacidade contributiva.

De outro lado, o texto ora em comento não fala em imposto, mas em impostos, no plural. Assim, é possível inferir que a expectativa é termos pelo menos dois impostos criados com base na competência outorgada pelo inciso III do artigo 154, com a redação conferida pela PEC 45. Talvez três, ou quatro, ou mais. Não é possível ter certeza, a esta altura, ou mesmo na eventualidade de aprovação da proposta, sobre quantos impostos serão editados com base na nova competência que seria outorgada pela Constituição.

1.2. IMPOSTOS SELETIVOS

É no mínimo estranha a referência à seletividade. Com efeito, a noção de seletividade é vazia. A seletividade, em si, não denota qualquer critério. Seriam impostos seletivos em função de que? O artigo 153, § 3º, I, da Constituição Federal, ao tratar da regra de seletividade do IPI estabelece que ele "será seletivo, em função da essencialidade do produto". Ou seja, estabelece a seletividade como regra e a essencialidade do produto como critério de seletividade. Em outras palavras, não é toda e qualquer diferenciação seletiva entre produtos que será legítima, mas apenas aquelas que tenham como critério a essencialidade do produto.

A leitura do texto proposto para o inciso III não nos apresenta qualquer critério de seletividade, portanto, de impostos seletivos não se trata. Dessa forma, parece-nos que melhor seria, em termos redacionais, a eliminação da palavra seletivos.

1.3. IMPOSTOS COM FINALIDADE EXTRAFISCAL

Seguindo a revolução representada pelo novo desenho constitucional das contribuições pós 1988, a competência outorgada pelo inciso III do artigo 154 é uma competência finalística. Como mencionamos anteriormente, uma vez que a PEC 45 não apresenta a materialidade tributável, os impostos a serem criados seriam legitimados pela sua finalidade extrafiscal. Este seria o primeiro caso no ordenamento jurídico brasileiro de um imposto legitimado pela sua finalidade.

Agora, o que é dizer que a finalidade é extrafiscal? É declarar que a finalidade dos impostos em questão não é prioritariamente arrecadatória, que o tributo está sendo utilizado com alguma finalidade que não é, principalmente, arrecadar.

Parece-nos que, assim como a referência à seletividade, a menção à extrafiscalidade tende a ser geradora de controvérsias desnecessárias. Afinal, todo tributo tem função de arrecadar. Não a tivesse, não seria tributo. Da mesma forma, todo tributo tem efeitos sobre as decisões dos contribuintes, por mais que se busque a neutralidade como princípio.

O principal problema do proposto inciso III não é, contudo, uma questão de forma. É uma questão de mérito. Já vimos que os impostos propostos são finalísticos, que sua finalidade principal declarada não é arrecadar, aí fica a pergunta: qual seria a sua finalidade?

1.4. IMPOSTOS DESTINADOS A DESESTIMULAR O CONSUMO DE DETERMINADOS BENS, SERVIÇOS OU DIREITOS

Na parte final do inciso III descobrimos sua finalidade: desestimular o consumo de determinados bens, serviços ou direitos. Ou seja, para os impostos criados com base neste dispositivos serem legítimos eles têm que ter como finalidade desestimular o consumo de determinados bens, serviços ou direitos. Portanto, caso seja criado um imposto que não tenha como finalidade precípua desestimular o consumo ele será inconstitucional.

É neste ponto que temos aquele que nos parece ser o mais grave vício da regra proposta: ela não traz nenhuma indicação de quais seriam os critérios para a legitimidade de um imposto criado com a finalidade de desestimular determinado consumo.

A longa justificativa da PEC 45 traz apenas um breve parágrafo sobre a alteração proposta no artigo 154, onde se lê que "através da inclusão do inciso III no art. 154, introduz-se na Constituição a possibilidade de criação de impostos seletivos, que têm como objetivo onerar o consumo de bens e serviços geradores de externalidades negativas ou cujo consumo se deseja desestimular, como cigarros e bebidas alcoólicas".

Pela leitura desta passagem vê-se que a ideia é que fique em aberto mesmo quais consumos seriam desestimulados. Fala-se em bens e serviços geradores de externalidades negativas. O que são elas? Ou cujo consumo se queira desestimular. Com base em que?

A crítica principal a este inciso III é, sem espaço para dúvidas, a falta de critério. Note-se que a criação de um imposto específico para gravar certa atividade, para ser compatível com o princípio da isonomia, tem que se basear em um critério definido na Constituição.

Quer-se desestimular o consumo de determinados bens, serviços e direitos por que razão? É para a proteção da saúde? É para a proteção do meio-ambiente? Qual valor constitucionalmente relevante está sendo concretizado com a criação desse imposto extrafiscal finalístico?

Há duzentos anos atrás o "Chief Justice" da Suprema Corte Americana, John Marshall, proferia sua manifestação no célebre caso McCulloch v. Maryland, onde deixou consignada uma das frases mais famosas da história da tributação, ao enunciar que "o poder de tributar envolve o poder de destruir" ("the power to tax involves the power to destroy").

Ora, a atribuição de uma competência cuja única baliza constitucional é que a mesma seja exercida para desestimular o consumo é, na verdade, um cheque em branco para a criação de impostos extrafiscais.

Além de ser uma competência das mais amplas, ela ainda pode ser exercida de forma a limitar direitos legítimos, ainda mais em um ambiente como o atual, onde questões religiosas e comportamentais tomam a agenda do país.

Podemos recordar, por exemplo, a posição defendida por Ives Gandra da Silva Martins em sua tese de doutorado, quando este autor defendia que se utilizasse a tributação para desestimular certas situações, na visão do autor, seriam desaconselháveis, "pois a corrosão moral e o deletério reflexo que geram, em verdade, terminam por justificar freios maiores do que os atualmente existentes". Para Ives Gandra, "as atividades que se encontram nesta terceira área do amplo espectro de incidência deveriam ser as que constituiriam o objeto da **imposição tributária desestimuladora**" (Destaque nosso). (MARTINS, Ives Gandra da Silva Martins. *Teoria da Imposição Tributária*. 2 ed. São Paulo: Ltr, 1998. p. 348).

O autor segue para sustentar a utilização extrafiscal e finalística da tributação para desaconselhar atividades em seu ver moralmente reprováveis. Em suas palavras, "não se discutiria se a peça de Racine teria maior ou menor densidade artística que as peças do famoso meritrólogo Zé dos Anjos, mas se o nível de tributação estaria vinculado, por exemplo, ao aparecimento de mulheres despidas. Quanto mais cenas, tanto maior seria a incidência do tributo que se viesse a escolher, como mostrarei no próximo capítulo. O critério passaria a ser, portanto, objetivo. Eliminar-se-ia a censura para tais espetáculos, mas seriam tributados tanto mais quanto mais pornográficos fossem. E o conceito de pornografia seria detectado de forma objetiva, adotando-se critérios como número de pessoas, duração de cenas, e outros". (Op. Cit., p. 351).

Ives Gandra vai sustentar o mesmo para a tributação de motéis, revistas pornográficas, e até de programas de televisão, ao argumentar que "se se comparar, por exemplo, o número de famílias bem construídas em Hollywood, ou que resistem aos anos, com a classe média dos cidadãos correntes, verificar-se-á a tragédia da vida familiar que existe no boêmio meio artístico, símbolo do cinema mundial". (Op. Cit., p. 364).

Ora, em um país claramente conservador, onde o clamor dos "likes" e o poder dos "tweets" tem se mostrado mais poderoso do que cláusulas pétreas, é a nosso ver impensável a outorga de uma competência tributária aberta para a instituição de impostos para desestimular o consumo, isso sem que a própria constituição estabeleça o critério de validade de tais impostos. Uma regra como a proposta no inciso III do artigo 154 da Constituição Federal teria o poder de transformar o Sistema Tributário no maior instrumento de censura e perseguição de maiorias do ordenamento jurídico brasileiro.

1.5. CONCLUSÃO SOBRE O ARTIGO 154, III, DA CONSTITUIÇÃO, CONFORME A PEC 45

Conforme os comentários acima, cremos que a redação proposta para o artigo 154, III, na forma definida na PEC 45, é infeliz, para dizer o mínimo. Se não nos parece possível sustentar que este dispositivo seja inconstitucional em abstrato, certamente os tributos criados com base nesta regra atributiva de competência podem se mostrar inconstitucionais em concreto.

Dessa forma, considerando nossa análise, parece-nos que o ideal seria a exclusão deste novo inciso III do artigo 154 do texto da PEC 45. Contudo, caso se decida pela sua manutenção cremos que a redação indicada para o mesmo seria a seguinte:

> "Art. 154. A União poderá instituir:
> [...]
> III – impostos com a finalidade extrafiscal de desestimular o consumo de determinados bens, serviços ou direitos em razão de riscos à saúde pública, ao meio-ambiente e à segurança pública."

A despeito desta sugestão, há justificadas razões para ponderarmos se realmente faz sentido a inclusão deste dispositivo na Constituição, como passamos a comentar.

2. HÁ RAZÕES PARA EXTINGUIR O IPI?

Não só a PEC 45, mas também outras propostas, extinguem com o IPI com a finalidade de simplificação sistêmica. Será que faz sentido a extinção do IPI somente para criar outro tributo com finalidade extrafiscal?

Em toda essa discussão sobre reforma tributária há, claramente, uma certa sedução do novo, um bradar pelo corte das cabeças dos tributos existentes. Contudo, mudança nem sempre é melhor do que estabilidade. Há que se pensar muito, mas muito antes de extinguir tributos com décadas de história, com produção doutrinária significativa, com jurisprudência desde o mais subalterno órgão de aplicação até a Suprema Corte do país. Certamente não podemos nos ver amarrados no passado, incapazes de mudar. Não é isso que estamos defendendo. Entretanto, não devemos deixar que a sedução do novo justifique a mudança pela mudança. Vejamos.

A proposta do artigo 154, III, pela PEC 45 busca a criação de impostos extrafiscais para inibir certos consumos. Ora, este papel hoje já é exercido pelo IPI, um imposto com a seletividade prevista na constituição, com um critério também constitucionalmente definido – essencialidade –, em relação ao qual há doutrina e jurisprudência que servem de balizas para o intérprete.

Pode-se objetar dizendo que a seletividade do IPI não é perfeita, que ele incide também fora do campo da extrafiscalidade, etc. Contudo, todas essas críticas, que são procedentes, podem ser resolvidas com um Decreto. Basta reduzir a zero todas as alíquotas do imposto e manter sua incidência somente nos casos em que ele seja tipicamente extrafiscal.

Ainda seria possível um segundo nível de crítica, argumentando-se que a redução por Decreto seria insegura, na medida em que bastaria um novo decreto para que o IPI recuperasse sua antiga capacidade arrecadatória. Esta crítica seria igualmente procedente. Se a ideia for garantir que o IPI jamais voltaria a incidir fora do espectro da extrafiscalidade, a redução de alíquotas por Decreto não atenderia a esta finalidade. Neste caso, bastaria, então, uma alteração no § 3º do artigo 153 da Constituição Federal, restringindo-se a incidência do IPI a situações em que presente a necessidade de desincentivo do consumo. Seria possível adotar uma redação como a sugerida abaixo:

"Art. 153. [...]
§ 3º O imposto previsto no inciso IV:
I - será seletivo, em função da essencialidade do produto;
II - será não-cumulativo, compensando-se o que for devido em cada operação com o montante cobrado nas anteriores;
III - não incidirá sobre produtos industrializados destinados ao exterior;

IV - incidirá apenas para com a finalidade extrafiscal de desestimular o consumo de determinados bens, serviços ou direitos em razão de riscos à saúde pública, ao meio-ambiente e à segurança pública". (Inclusão em negrito)

Esta solução poderia levantar ainda duas críticas. A primeira, que dificilmente o IPI seria cobrado no ciclo de produção e circulação de um direito. É verdade, por mais que não nos ocorra um exemplo agora, não alteraria a redação. A segunda que o IPI não é um tributo sobre consumo. Outra vez, inegável a procedência desta afirmação. Nada obstante, há décadas utilizamos o IPI para inibir consumos considerados desaconselháveis. Não parece haver uma razão clara para mudarmos para impostos novos que nem sabemos que desenho teriam.

3. CONCLUSÃO

Em vista das considerações anteriores, podemos apresentar as seguintes conclusões:

- A redação proposta para o novo inciso III do artigo 154 da Constituição Federal não é boa. Além de questões redacionais que podem gerar dúvidas e controvérsias, ela tem um vício fundamental que é a outorga de uma competência muito abrangente para a criação de impostos para desestimular o consumo de bens, serviços e direitos, sem a previsão de qualquer critério para que se possa controlar o exercício de tal competência.
- Se for para incluir uma regra como esta na Constituição, cremos ser imperativa a modificação conforme sugerido neste texto, prevendo-se, no texto constitucional os critérios para o exercício da competência ali prevista.
- Nada obstante, parece-nos que o ideal seria a reforma do IPI para que o mesmo tenha o perfil de um tributo exclusivamente extrafiscal. Esta reforma poderia ser feita em nível infraconstitucional ou por meio de uma alteração no § 3º do artigo 153 da Constituição Federal.

6. REFORMA TRIBUTÁRIA: A PEC 45 E O DESAFIO FEDERATIVO (2019)

PREÂMBULO

Qualquer proposta de reforma tributária pode ser analisada a partir de três perspectivas: política, econômica e jurídica.

Reformas tributárias são geradoras de dissenso. Concorda-se que ela é necessária, mas a partir daí não se concorda com muito mais. Nesse contexto, a realização de uma reforma tributária exporá importantes conflitos políticos, os quais serão maiores ou menores a depender do modelo proposto. Por exemplo, uma proposta que extinga impostos relevantes dos entes subnacionais, como é o caso da Proposta de Emenda Constitucional nº 45 ("PEC 45"), requererá um custo político alto para a sua aprovação.

Além da dimensão política, temos, também, a econômica. Uma reforma tributária é motivada por objetivos de neutralidade, transparência e eficiência da atividade empresarial. Nenhum sentido faria a aprovação de uma reforma tributária que tornasse a inter-relação entre tributação e economia mais ineficiente.

Por fim, não se pode esquecer que uma reforma tributária tem uma relevante dimensão jurídica.

A PEC 45, assim como qualquer outra proposta de reforma do Sistema Tributário Nacional, deve ser orientada pelos objetivos fundamentais da República Federativa do Brasil, conforme previsto no artigo

3º da Constituição (construir uma sociedade livre, justa e solidária; garantir o desenvolvimento nacional; erradicar a pobreza e a marginalização e reduzir as desigualdades sociais e regionais; e promover o bem de todos, sem preconceitos de origem, raça, sexo, cor, idade e quaisquer outras formas de discriminação).

Além de estar alinhada aos objetivos fundamentais do Estado brasileiro, a PEC 45 deve observar as cláusulas pétreas em matéria financeira e tributária, que se resumem, basicamente, à manutenção da forma federativa de Estado e dos direitos e garantias fundamentais das pessoas enquanto contribuintes (artigo 60, § 4º, incisos I e IV, da Constituição Federal).

Neste artigo trataremos apenas de uma dessas questões, uma das mais debatidas desde a apresentação da PEC 45, relacionada aos seus potenciais impactos federativos. Portanto, este texto será o primeiro dedicado ao Imposto sobre Bens e Serviços ("IBS"), cuja competência para instituição passaria a estar prevista no artigo 152-A da Constituição Federal.

A questão apresentada neste artigo é: a PEC 45 – ou qualquer outra que extinga tributos estatuais e municipais relevantes – seria inconstitucional por abolir a forma federativa de Estado?

1. POR QUE A QUESTÃO FEDERATIVA SE TORNOU TÃO RELEVANTE NA PEC 45?

A esta altura, muitos leitores e leitoras já estão bastante familiarizados com a proposta de criação do IBS, veiculada na PEC 45. Ainda assim, é importante que dediquemos alguns parágrafos em uma breve análise dos impactos federativos potenciais desta proposta, para que todos estejam na mesma página.

A questão central por trás da proposta de criação do IBS é a fusão de cinco tributos em um. Assim, ao final do período de transição do IBS, seriam extintos (cf. o parágrafo único do artigo 118 do Ato das Disposições Constitucionais Transitórias, na redação dada pela PEC 45) os seguintes tributos:

i. a Contribuição para o Programa de Integração Social ("PIS");
ii. a Contribuição para o Financiamento da Seguridade Social ("COFINS");
iii. o Imposto sobre Produtos Industrializados ("IPI");

iv. o Imposto sobre Circulação de Mercadorias e sobre Prestações de Serviços de Transporte Interestadual, Intermunicipal e de Comunicação ("ICMS"); e

v. o Imposto sobre Serviços de Qualquer Natureza ("ISS").

Percebe-se, então, que a discussão sobre a aprovação da PEC 45 passa pela tomada de posição quanto aos limites do federalismo fiscal brasileiro. É legítima a eliminação da competência de Estados, Distrito Federal e Municípios para instituírem o ICMS e o ISS? Se em um primeiro nível a questão é se é possível a eliminação dessas competências, em um segundo nível a pergunta passa a ser se a maneira como tal eliminação se encontra disciplinada na PEC 45 seria constitucional.

2. ESTADO FEDERAL É UM TIPO, NÃO UM CONCEITO

Um aspecto interessante, que tem aparecido nos debates sobre a questão federativa da PEC 45, é a análise comparada. Alguns buscam amparo no desenho institucional do federalismo alemão, que convive com uma certa centralização arrecadatória. No outro extremo temos o exemplo do federalismo fiscal norte-americano, que coexiste com competências amplas de cada Estado para instituir impostos.

Sem querer apequenar os entusiasmados debates sobre o desenho institucional do federalismo fiscal de outros países, o fato é que Estado Federal é um tipo jurídico, não um conceito. Existem certos traços fáticos que um Estado tem que manifestar para ser uma federação. Contudo, pretender comparar Estados federais para sustentar uma ou outra posição a respeito da PEC 45 nos parece um grande equívoco. Dessa maneira, a análise da constitucionalidade desta proposta deve ser feita considerando **exclusivamente** a Constituição Federal brasileira.

3. AS CORRENTES EM CONFLITO

Neste estágio do debate sobre a PEC 45, há duas correntes principais a respeito de sua inter-relação com o pacto federativo: uma que defende que o federalismo fiscal brasileiro requer apenas que cada ente subnacional tenha receitas suficientes para fazer face às suas atribuições definidas na Constituição; e outra que vai sustentar que não basta que os entes subnacionais tenham recursos financeiros. Seria necessária a existência de competências que lhes possibilitem utilizar a tributação como instrumento de política econômica, o que dependeria de terem tributos próprios, sobre os quais exerçam uma competência legislativa ampla. Assim sendo, para quem sustenta esta posição, a limitação da competência dos entes subnacionais à fixação de alíquotas (artigo 152-A, § 2º), a uniformidade da alíquota para todos os bens, tangíveis e intangíveis, serviços e direitos (artigo 152-A, § 1º, VI) e a vedação à concessão de benefícios fiscais em geral (artigo 152-A, § 1º, IV), resultariam na inconstitucionalidade da PEC 45.

Veja-se que ninguém parece questionar que a autonomia financeira é inerente à autonomia federativa. A divergência se dá quanto à abrangência de tal autonomia financeira.

Essa análise constitucional deve ser feita em abstrato e em concreto. Uma coisa é examinar abstratamente se a extinção do ICMS e do ISS – sem a substituição por equivalentes competências estaduais, distritais e municipais – seria inconstitucional. Outra abordagem é questionar se, embora abstratamente possível a extinção do ICMS e do ISS, o desenho institucional proposto pela PEC 45 seria constitucional.

4. NOSSA POSIÇÃO

Parece-nos que a extinção do ICMS e do ISS não seria, em abstrato, inconstitucional. Com efeito, cremos que a redação do artigo 60, § 4º, inciso I, da Constituição Federal respalda esta interpretação ao estabelecer que "não será objeto de deliberação a proposta de emenda **tendente a abolir** [...] a forma federativa de Estado". (Destaque nosso)

Ora, o que a Constituição proíbe é a deliberação de proposta que tenda a **abolir, eliminar, cancelar, revogar, acabar** com a forma federativa de Estado. Por mais que haja divergências sobre qual modelo se presta a fortalecer o pacto federativo brasileiro – o atual ou o da PEC 45 –, parece-nos muito difícil argumentar que a PEC 45 seja medida de abolição da forma federativa de Estado.

Se a proposta de extinção do ICMS e do ISS não nos parece inconstitucional em abstrato, deve-se analisar com mais vagar se ela não pode se apresentar inconstitucional em concreto.

De fato, se a premissa é de que o federalismo fiscal exige que União, Estados, Distrito Federal e Municípios tenham recursos livres e disponíveis para fazer frente às suas despesas, a gestão do IBS deve garantir o livre fluxo de tais recursos, sem preponderância de qualquer um dos entes federativos.

Aqui temos um dos grandes problemas da PEC 45. Embora ele tenha inundado a Constituição Federal com novos dispositivos financeiros e tributários, parte relevante do seu desenho institucional foi delegado à Lei Complementar. Este é o caso, por exemplo, da criação do Comitê Gestor do IBS, conforme previsto no artigo 152-A, § 6º.

Não há nenhuma justificativa razoável para que a gestão do Comitê Gestor não esteja disciplinada na Constituição Federal. Prevê o referido dispositivo que o Comitê será composto por representantes da União Federal, dos Estados, do Distrito Federal e dos Municípios. Como serão indicados? Qual o critério? Como serão as deliberações do Comitê? Qual será o peso de cada ente federativo? Nada se sabe sobre o funcionamento do Comitê Gestor do IBS e aí sim podemos ter uma quebra do pacto federativo.

5. NECESSIDADE DE MANIFESTAÇÃO DO STF

Uma questão interessante é que, segundo o já citado artigo 60, § 4º, inciso I, da Constituição Federal, "**não será objeto de deliberação** a proposta de emenda tendente a abolir [...] a forma federativa de Estado". Percebe-se, assim, que a constitucionalidade da PEC 45 já poderia ser analisada pelo STF. Uma coisa que parece certa é que, caso um dia a PEC 45 seja aprovada, ela será objeto de contestação. Não faz sentido aguardarmos a aprovação da proposta para buscar a posição da Corte sobre sua compatibilidade constitucional. Este ponto foi analisado com muito mais competência pelo Professor Fernando Facury Scaff em **artigo publicado na Conjur**, cuja leitura sugerimos.

6. O PRECEDENTE DE EXTINÇÃO DO IVVC E DO ADICIONAL ESTADUAL DO IMPOSTO DE RENDA

Temos na história tributária pós 1988 ao menos um exemplo de extinção de tributos da competência de Estados e Municípios por Emenda Constitucional. Tal se deu com a edição da Emenda Constitucional nº 3/1993, que eliminou o adicional ao Imposto de Renda, de competência dos Estados, assim como o Imposto sobre Vendas a Varejo de Combustíveis Líquidos e Gasosos, de competência dos Municípios.

Este caso não gerou grandes polêmicas sobre violação ao pacto federativo. Entretanto, dada a irrelevância orçamentária desses tributos para Estados e Municípios, o fato de a Emenda Constitucional nº

3/1993 não ter sido alvo de grandes controvérsias não é decisivo para a questão surgida com a apresentação da PEC 45.

7. O PESO DO ASPECTO POLÍTICO

Todos os comentários acima tratam da PEC 45 sob a perspectiva jurídica. Nada obstante, talvez o seu desafio mais complexo seja político.

De fato, é difícil imaginar a aprovação de uma reforma, cujo eixo principal é a extinção do ICMS e do ISS, sem a aquiescência de Estados, Distrito Federal e Municípios.

Os Estados e o Distrito Federal, em manifestação não usual de uniformidade de posicionamento, sustentam que aceitam o modelo proposto na PEC, mas com algumas alterações, dentre as quais a exclusão da União Federal do Comitê Gestor do IBS. Improvável que a União aceite entregar a receita atualmente gerada pelo PIS, a COFINS e o IPI para a gestão por um Comitê do qual não faça parte. Assim, se os Estados e o Distrito Federal não aceitam o desenho institucional do IBS conforme apresentado na PEC 45, e parece improvável que a União concorde com a ideia de não participar do Comitê Gestor, ao que tudo indica a PEC 45 chegou a uma encruzilhada que dificilmente será superada.

8. MAS AFINAL, O QUE A UNIÃO TEM COM ISSO?

Toda essa discussão federativa, segundo vemos, deveria ser, efetivamente, deslocada para as esferas estadual, distrital e municipal. Afinal, se estamos tratando da reforma da tributação sobre o consumo – a PEC 45 é apenas uma reforma sobre a tributação do consumo, e não uma reforma tributária ampla – devemos ter em conta que **a União Federal não tem um tributo sobre consumo**.

Nosso ponto de partida é que um imposto sobre consumo é um tributo cujo fato gerador seja a circulação de uma mercadoria, serviço ou intangível para o consumidor final. Ou seja, um imposto sobre o consumo grava uma relação circulatória, considerando a situação do consumidor.

Se analisarmos o PIS e a COFINS, por exemplo, notamos que o fato gerador das contribuições não é circulatório. Eles não se orientam pela situação do consumidor. São tributos juridicamente diretos cobrados para o financiamento da seguridade social. Uma empresa pode estar em situação pré-operacional e ainda assim pagar PIS e COFINS.

A seu turno, o IPI igualmente não é um imposto sobre consumo. Ele é um tributo com finalidade prioritariamente extrafiscal que serve de instrumento para a intervenção da União Federal na economia. Embora a seletividade faça com que o IPI efetivamente considere a relevância do consumo, este tributo não incide, via de regra, sobre operações circulatórias para o consumidor final.

Se o IPI, o PIS e a COFINS não são típicos tributos sobre consumo, parece-nos que eles poderiam, simplesmente, ser excluídos do IBS. Sem a participação da União a discussão federativa – que seguiria existindo – seria mais facilmente equacionável, já que boa parte dos Municípios já sobrevive às custas de transferências de recursos.

Sabe-se que há anos a Receita Federal tem uma proposta de reforma do PIS e da COFINS que resolveria a maioria dos problemas desses tributos, além de unificá-los em uma única contribuição. A seu turno, como mencionamos no **segundo texto** publicado na Conjur, o IPI poderia ser reformado, simplificado e mantido.

Portanto, tendemos a acreditar que em uma proposta ideal o IBS seria apenas estadual e municipal, sem a participação da União e sem incluir o PIS, a COFINS e o IPI. Ainda neste caso teríamos discussões federativas. Porém, entendemos que o debate em nível estadual/municipal seria mais facilmente equacionável.

9. CONCLUSÃO

Considerando os comentários anteriores, é possível concluir que:

- A questão federativa é central na análise da constitucionalidade do IBS. Este tema deve ser examinado não só tendo em conta a questão da possibilidade em abstrato de extinção do ICMS e do ISS, mas também o desenho institucional do IBS, sobre o qual, infelizmente, a PEC 45 diz muito pouco.
- O ideal seria que fosse ajuizada ADIN questionando a PEC 45 e que ela fosse julgada pelo STF o quanto antes. Isso daria previsibilidade e evitaria a perda de tempo com uma reforma que poderia vir a ser considerada inconstitucional.
- Considerando a manifestação dos Estados por um IBS sem a participação da União Federal no Comitê Gestor, tudo indica que esta proposta terá sérias dificuldades de aprovação.

- Nada obstante, considerando que esta é uma reforma sobre a tributação do consumo, e que a União não tem um tributo sobre consumo, o ideal seria um IBS estadual/municipal, com a junção apenas do ICMS e do ISS, mantendo-se o IPI, o PIS e a COFINS que seriam reformados – não vemos a necessidade nem da criação de um novo ou de novos tributos extrafiscais federais nem de um IVA federal para substituir as contribuições.

7. REFORMA TRIBUTÁRIA. REFORMA TRIBUTÁRIA, COMPLEXIDADE E SIMPLIFICAÇÃO (2019)

PREÂMBULO

No **primeiro artigo** sobre reforma tributária, falamos um pouco sobre a complexidade do Sistema Tributário Nacional. Naquele texto, já pontuamos algumas questões importantes, como o fato de que a simplificação não é um valor absoluto, devendo ser ponderada com outros, principalmente a solidariedade, a justiça, a eficiência econômica e a manutenção da forma federativa de estado.

Por mais que a simplificação seja o principal tema do debate atual sobre reforma tributária, temos a percepção de que esta questão vem sendo tratada de maneira parcial e, não raro, simplista. Complexidade é consequência, não é causa. Portanto, para que a possamos analisar as propostas de reforma da perspectiva da simplificação, temos que entender bem as causas da complexidade do Sistema Tributário Nacional. Este é o propósito deste artigo.

1. CAUSAS DA COMPLEXIDADE

Um primeiro aspecto relevante é que complexidade é uma característica que decorre de uma percepção individual. Ao afirmarmos que o Sistema Tributário Nacional é complexo, devemos entender para quem ele é complexo. Certamente não é para a empresa de pequeno porte que paga todos seus tributos pelo regime do SIMPLES. Da mesma maneira, é possível que para a maioria dos contribuintes que pagam Imposto de Renda e Contribuição Social sobre o Lucro Líquido ("CSLL") pelo regime do Lucro Presumido, a complexidade não seja a nota mais característica do Sistema Tributário.

É importante deixarmos já aqui uma ressalva. Nada no parágrafo anterior é uma defesa da complexidade, ou uma afirmação de que nosso sistema não é complexo – quase todos os sistemas tributários o são. Apenas registramos que a complexidade não é uma característica universal do Sistema Tributário Nacional. Provavelmente, em uma pesquisa empírica a carga tributária seria uma característica mais repudiada pelos contribuintes do que a complexidade.

Neste texto analisaremos, sem pretensão exaustiva, seis diferentes grupos de causas da complexidade do Sistema Tributário Nacional, a saber:

- Causas decorrentes do desenho do sistema
    - » Modelo federativo brasileiro
    - » Pulverização excessiva de tributos
- Causas decorrentes de induções legislativas
    - » Criação de regimes benéficos diferenciados
    - » Indução ao *lobby*
    - » Planejamento tributário
- Causas decorrentes da maneira como se dá a relação entre Fisco e contribuintes
    - » Reação à carga tributária, à corrupção e à má-administração de recursos públicos
    - » Estímulo ao antagonismo e à criação de posições divergentes
- Causas decorrentes da interpretação da Constituição e da legislação tributária
    - » O papel do lançamento por homologação
    - » A indeterminação da linguagem
    - » A omissão e o tempo do Poder Judiciário
- Causas decorrentes dos deveres instrumentais impostos aos contribuintes
    - » A complexidade tributária decorrente da complexidade dos fatos econômicos e sociais

Percebe-se, desde logo, que a análise detalhada de cada um desses itens vai bem além dos limites editoriais deste artigo. Portanto, a seguir comentarei brevemente cada um deles, para, em seguida, analisar as propostas de reforma tributária à luz da questão da complexidade sistêmica.

Devemos destacar mais uma vez que neste texto estamos analisando **exclusivamente** a questão da complexidade. Entretanto, como já destacamos, simplificar não é o fim único de uma reforma tributária. Portanto, ter como resultado a simplificação é premissa, mas não justificativa de qualquer proposta.

2. CAUSAS DECORRENTES DO DESENHO DO SISTEMA

2.1. O MODELO FEDERATIVO BRASILEIRO

Nosso último artigo sobre reforma tributária na Conjur foi sobre federalismo fiscal e a PEC 45. Ora, se temos um Sistema Tributário estruturado na atribuição de competências tributárias para os três níveis da federação, temos um modelo inevitavelmente complexo.

De fato, a existência de três níveis de competência tributária faz com que as empresas em geral se relacionem com ao menos dois entes federativos, com legislações próprias – tratando de aspectos materiais e formais, inclusive processuais – e corpo fiscalizatório independente. Algumas empresas chegam a se relacionar com os três níveis. Quando a atividade da empresa se espalha por diversos estados e municípios no território nacional, os efeitos da complexidade tornam-se kafkianos.

Portanto, não há nenhuma dúvida de que o modelo de federalismo fiscal que adotamos é gerador de complexidade, o que não significa, por si só, que seja constitucional a sua abolição.

2.2. PULVERIZAÇÃO EXCESSIVA DE TRIBUTOS

Este é um problema identificado essencialmente na maneira como a União Federal exerce a sua competência para a instituição de contribuições, de modo a burlar as regras constitucionais de repartição de receitas com Estados e Municípios.

De fato, a possibilidade de criar contribuições, ficando com a integralidade da arrecadação, juntamente com a institucionalização da

Desvinculação de Receitas da União, atualmente em 30%, tornou um bom negócio utilizar as contribuições para a arrecadação de receitas que deveriam ser arrecadadas por impostos. Talvez o caso mais emblemático seja o da CSLL. Ela tem cara, gosto e cheiro de Imposto de Renda, mas não é Imposto de Renda. A existência da CSLL, além de complexidade no dia a dia da apuração dos tributos e do cumprimento das obrigações acessórias, gera controvérsias decorrentes de uma sobreposição legislativa imperfeita, que cria diferenças de base de cálculo que se tornam objeto de litígio.

Assim sendo, também essa proliferação artificial de tributos, que formalmente são independentes, mas em substância são iguais a outros já existentes, é sem dúvida causa de complexidade.

3. CAUSAS DECORRENTES DE INDUÇÕES LEGISLATIVAS

3.1. CRIAÇÃO DE REGIMES BENÉFICOS DIFERENCIADOS

Um dos princípios que pautam a incidência tributária é o da generalidade. Pessoas numa mesma situação devem pagar os mesmos tributos. Assim, as situações de tratamento diferenciado devem ser excepcionais e ter uma base constitucional clara. Em outras palavras, a concessão de um benefício fiscal deve sempre estar pautada pela realização de um fim constitucional, do contrário, será ilegítima.

Nada poderia estar mais distante da realidade. No contexto atual o diferente se tornou a regra. Benefícios fiscais tornam-se privilégios fiscais. Portanto, sem sombra de dúvidas que a concessão inconstitucional de tratamentos fiscais diferenciados é uma das causas de complexidade sistêmica.

3.2. INDUÇÃO AO LOBBY

Naturalmente, em um sistema onde benefícios fiscais tornam-se privilégios fiscais, há uma corrida dos contribuintes para tentarem influenciar no processo legislativo de forma a obterem, também, tratamentos tributários diferenciados. Cria-se, assim, um círculo vicioso. Quanto mais benefícios, maior a complexidade, ao mesmo tempo, maior a busca por benefícios, reforçando a complexidade.

3.3. PLANEJAMENTO TRIBUTÁRIO

Em uma redução simplificadora, o planejamento tributário tem como ponto de partida uma ação do contribuinte para se enquadrar em um regime tributário mais benéfico que, em princípio, não lhe seria aplicável. No momento que temos uma proliferação de subsistemas tributários que levam a uma menor tributação, o próprio sistema induz o contribuinte a buscar tais tratamentos. É um comportamento intuitivo. Portanto, quanto maior o número de exceções, maior será a indução ao planejamento e as oportunidades para a sua realização. A tendência das autoridades fiscais será questionar tais atos e negócios jurídicos, criando conflitos intermináveis que aumentam a complexidade e a incerteza sobre as consequências tributárias dos atos praticados.

4. CAUSAS DECORRENTES DA MANEIRA COMO SE DÁ A RELAÇÃO ENTRE FISCO E CONTRIBUINTES

Em termos de psicologia tributária, os contribuintes, como regra, não se sentem motivados a contribuir. Certa ou errada, ou parcialmente certa ou parcialmente errada, o fato é que a percepção dos contribuintes é de que os valores que pagam são desviados, mal empregados, ou desperdiçados. Um contribuinte que não quer contribuir não será estranho ao planejamento fiscal e, até mesmo, à evasão fiscal, que tende a gerar uma baixa rejeição social.

Neste ambiente, a legislação tem que constantemente buscar mecanismos de proteção da arrecadação, não raro criando obrigações de controle que aumentam a complexidade. Ademais, este cenário leva ao desenvolvimento de uma relação belicosa entre Fisco e contribuintes, onde a desconfiança é a regra, não a exceção. Na prática, a desconfiança leva ao questionamento, que leva às autuações fiscais, que levam ao contencioso, que é gerador de instabilidade e insegurança.

5. CAUSAS DECORRENTES DA INTERPRETAÇÃO DA CONSTITUIÇÃO E DA LEGISLAÇÃO TRIBUTÁRIA

5.1. O PAPEL DO LANÇAMENTO POR HOMOLOGAÇÃO

Sabe-se que nosso sistema de administração tributária é baseado no chamado "lançamento por homologação", no qual o contribuinte interpreta a legislação, identifica a obrigação tributária, calcula e paga o tributo. As autoridades tributárias irão, posteriormente, rever a apuração do contribuinte.

Se juntarmos o que foi dito no item 4 com este comentário acima, vemos que um sistema baseado em comportamentos ativos do contribuinte, onde este não quer contribuir, tende a ser gerador de conflitos e complexidade. Um relacionamento antagônico e bipolar inviabiliza posições conciliadoras, fazendo com que ambos os lados vivam um estado permanente de insegurança.

5.2. A INDETERMINAÇÃO DA LINGUAGEM

Parte da complexidade do Sistema Tributário Nacional é interpretativa. A excessiva constitucionalização e o conceitualismo que caracteriza boa parte da teoria tributária nacional geram intermináveis debates sobre a materialidade de cada tributo. Tendo as palavras como matéria prima, os textos normativos quase sempre têm uma margem de indeterminação geradora de complexidade.

5.3. A OMISSÃO E O TEMPO DO PODER JUDICIÁRIO

Se considerarmos os comentários anteriores notaremos que, sem um órgão de aplicação célere e tecnicamente capacitado, dificilmente haverá uma superação da complexidade interpretativa.

Com efeito, as divergências conceituais que se proliferam no debate tributário brasileiro poderiam ser mais facilmente superadas com uma decisão técnica e célere do Poder Judiciário. Nesse sentido, a demora e os déficits técnicos dos Tribunais Superiores os transformam em geradores de insegurança e complexidade, quando deveriam ser estabilizadores e simplificadores da interpretação da legislação.

6. CAUSAS DECORRENTES DOS DEVERES INSTRUMENTAIS IMPOSTOS AOS CONTRIBUINTES

Diretamente vinculada a tudo quanto foi dito acima está a proliferação de deveres instrumentais que têm que ser adimplidos pelos contribuintes. Com efeito, se o sistema está estruturado sobre o "lançamento por homologação", as autoridades se vêm forçadas a exigir que os contribuintes assumam obrigações informacionais que lhes permitam exercer sua função de controle. Quanto mais complexa for a operação da empresa, mais complexa será a teia de deveres instrumentais a que estará submetida.

7. A COMPLEXIDADE DECORRENTE DA COMPLEXIDADE

Além de tudo que foi apontado anteriormente, há que se reconhecer que existe um aspecto da complexidade que é decorrente do fato de que as relações sociais, empresariais, políticas, etc., tornaram-se mais complexas ao longo do século XXI. A digitalização da economia torna nossa compreensão dos fatos econômicos mais complexa. Não é raro que simplesmente não se saiba como fatos novos podem ser enquadrados em legislações antigas. Muitas vezes sequer se sabe como alterar a legislação para contemplá-los. Ou seja, complexidade é uma característica da pós-modernidade. Posturas que pretendam uma redução absoluta das complexidades partem de um raciocínio utópico. A complexidade em si não pode ser eliminada, ela pode ser administrada.

8. COMPLEXIDADE E REFORMA TRIBUTÁRIA

Considerando os comentários acima podemos apresentar algumas considerações sobre o debate atual das propostas de reforma tributária.

No último texto publicado na Conjur, destacamos que a PEC 45 não é uma proposta de reforma tributária, mas sim uma proposta de reforma da tributação do consumo. Partindo desta afirmação devemos considerar separadamente dois aspectos da versão original da PEC 45: a criação do Imposto sobre Bens e Serviços ("IBS") e a outorga de competência para a instituição de impostos extrafiscais.

Em relação ao IBS é possível afirmar que ele é simplificador em todos os aspectos que comentamos acima. A junção de cinco tributos em um, com a vedação de incentivos fiscais e a redefinição do federalismo fiscal brasileiro sem dúvida alguma simplifica – isso considerando o cenário pós transição. Durante o período de transição a instituição do IBS tornará o sistema mais complexo.

De outra parte, a competência aberta para a instituição de impostos extrafiscais, que foi objeto de nosso **segundo artigo** sobre reforma, é o oposto. Trata-se de uma regra aberta, que não estabelece qualquer critério para a criação desses novos impostos, podendo ser uma nova fonte de complexidade sistêmica.

Ainda não temos o desenho da proposta de reforma do governo. Contudo, por tudo que já foi divulgado, acreditamos que ela traria mais complexidade do que simplificação.

No campo da tributação do consumo, fala-se na criação de um IVA federal. Porém, entendemos que:

- se há a necessidade de um tributo federal sobre receitas operacionais;
- já existem dois tributos (PIS e COFINS) que incidem sobre tais operações;
- os problemas desses tributos são conhecidos de todos, a ponto de haver uma proposta pronta eliminando a dualidade e resolvendo os problemas decorrentes da não cumulatividade;
- então, não há porque criar um tributo novo! Se a questão é a absorção do IPI basta ajustar a alíquota.

Vivemos um momento importante de abertura à mudança. Porém, não podemos nos entregar a uma percepção de que tudo que existe é ruim. Há um custo brutal na mudança. Quando se troca o PIS, a COFINS e o IPI por um IVA federal, surgem novas pautas constitucionais, que gerarão controvérsias. Novos conceitos que gerarão divergências interpretativas. Reinicia-se a discussão com os órgãos de aplicação, administrativos e judiciais, que terão que recomeçar o processo de criação de sentidos. Ou seja, uma modificação só é válida se ela traz, efetivamente, um ganho em simplificação. O IBS entrega este tipo de ganho. O modelo que aparentemente será proposto pelo governo, a nosso ver, não.

9. CONCLUSÃO

Como vimos, por mais que seja ubíqua em todos os debates sobre reforma tributária, nem toda modificação do Sistema Tributário Nacional será efetivamente simplificadora. Para simplificar temos que entender bem as origens da complexidade. Um tema que queríamos ter analisado neste texto é o famigerado estudo do Banco Mundial que aborda a complexidade da tributação, com dados aparentemente alarmantes sobre o Brasil. Traremos nossas considerações sobre este tema em um próximo artigo.

8. REFORMA TRIBUTÁRIA: IBS E JUSTIÇA TRIBUTÁRIA (2019)

REFORMA TRIBUTÁRIA É NÃO BINÁRIA

Tem-se tornado cada vez mais comum ouvir a pergunta: você é favorável ou contra a PEC 45? E a PEC 110, que tramita no Senado Federal? Quem faz esta pergunta espera uma reposta binária, sim ou não. Contudo, **reforma tributária, como todas as questões tributárias relevantes, é um tema não binário.**

As propostas em tramitação têm virtudes e vícios, vantagens e desvantagens, de maneira que não nos parece possível uma resposta simplesmente afirmativa ou negativa. Como todos os temas ultracomplexos, não há uma reforma tributária perfeita. Não só não é possível uma reforma que corrija todas as distorções e complexidades do sistema atual, como as mudanças, por mais estudadas e bem-intencionadas que sejam, gerarão novas distorções e complexidades. Portanto, devemos desconfiar de posições absolutas.

DEBATE DE IDEIAS, NÃO ATAQUE A PESSOAS

Em um artigo publicado no Estadão, no dia 17 de agosto de 2019, Rodrigo Octávio Orair e Sérgio Wulff Gobetti criticaram texto publicado, no mesmo espaço, no dia 26 de julho, de autoria de Everardo Maciel, Hamilton D. de Souza, Humberto Ávila, Ives Gandra Martins,

Kiyoshi Harada e Roque A. Carrazza. Nada mais normal do que a crítica acadêmica, porém, esta é relevante quando foca em ideias.

Alegam Rodrigo Octávio Orair e Sérgio Wulff Gobetti que a PEC 45 vem sendo bombardeada por tributaristas e, na sequência, comentam que os citados autores "não têm embaraço de enumerar, entre as razões de sua oposição, o fato de que os escritórios de advocacia (que hoje pagam baixo ISS e PIS/Cofins, a exemplo de outros prestadores de serviços) provavelmente serão mais onerados no novo modelo".

Esta é uma forma de argumentação que tem uma mensagem implícita – ou, neste caso, explícita – no sentido de que tributaristas não têm legitimidade para debater a reforma porque estão defendendo interesses próprios, porque gostam do caos, ganham a vida com a complexidade, etc. Tenho ouvido este tipo de pseudoargumento que, se levado ao extremo, basicamente excluiria os especialistas em Direito Tributário do debate sobre reforma tributária.

Quando a opinião criticada se relaciona aos impactos graves que o IBS teria sobre os prestadores de serviços – inclusive os advogados – que, basicamente sem créditos – a não ser que se permita um creditamento presumido sobre folha –, verão a tributação efetiva sobre suas receitas crescer de forma muito relevante, fica ainda mais evidente o equívoco da crítica.

Assim, não só é, segundo pensamos, ilegítimo pretender desqualificar opiniões em função de situações pessoais – e não de críticas aos argumentos em si –, vê-se que colocar em debate os relevantes impactos de um tributo como o IBS sobre os prestadores de serviços está longe de ser uma questão leviana.

O NOVO ARTIGO 154, III, DA CF: O RISCO DO CONJUNTO VAZIO

Conversava sobre o novo artigo 154, III, da CF, conforme proposto na PEC 45, com a Professora Tathiane Piscitelli, da FGV de São Paulo. Falávamos sobre a opinião que manifestei no **segundo artigo sobre reforma** que publiquei na Conjur. Em resumo, naquele texto defendi que a nova competência para a instituição de impostos extrafiscais era muito ampla e que não há nenhum critério para que a mesma venha a ser exercida.

A Professora Tathiane Piscitelli levantou, então, uma outra preocupação, igualmente válida e que deve ser considerada: o risco de que o conjunto dos impostos extrafiscais pós PEC 45 seja um conjunto vazio.

Está certíssima a professora. Atualmente, temos um tributo que funciona bem como imposto extrafiscal seletivo: o IPI. Não é perfeito, mas, como comentamos, quem busca perfeição nas obras humanas deve se preparar para uma vida de decepções.

Uma vez eliminado o IPI, será que, com todo o discurso de que "não criaremos impostos novos", haverá espaço para o exercício da nova competência, principalmente quando os alvos dos novos impostos forem grandes grupos econômicos? Este é um tema importante, que reforça a posição que sustentamos no **segundo** e no **quarto** artigos publicados na Conjur, no sentido de que melhor seria mantermos o IPI, reduzindo seu âmbito de incidência exclusivamente para o campo da extrafiscalidade.

O TEMA DESTE ARTIGO

Este artigo se dedicará a um dos mais importantes, e talvez mais esquecidos, pilares da reforma tributária: a justiça tributária. Neste momento analisaremos apenas o Imposto sobre Bens e Serviços – IBS, conforme proposto na PEC 45. Nada obstante, os comentários a seguir podem ser replicados a outros tributos semelhantes. Tendo como base as considerações que apresentamos no **primeiro** de nossos artigos na Conjur, nesta análise consideraremos a carga tributária e como ela é distribuída, passando por duas das questões mais debatidas atualmente: a regressividade do Sistema Tributário Nacional – e como a mesma seria acentuada com o IBS – e a incidência deste imposto sem considerar a essencialidade das mercadorias, serviços e intangíveis.

1. IBS E CARGA TRIBUTÁRIA

Certamente a maior reclamação dos contribuintes em relação ao Sistema Tributário Nacional é a supostamente alta carga tributária brasileira. Temos insistido que a carga tributária não é alta nem baixa em abstrato. Ela é alta ou baixa considerando as atividades desenvolvidas pelo Estado.

Não há como negar que a Constituição Federal de 1988 foi ousada ao estabelecer um sistema de seguridade social que, até onde sabemos, não encontra paralelo em outro país em desenvolvimento ou emergente. Naturalmente, este sistema custa dinheiro, e não é pouco.

Este não é o espaço para debater a carga tributária em si. A questão, considerando a premissa de que não deveria haver um aumento de tributos, é se o IBS teria o potencial de ir contra este objetivo.

Parece-nos que a resposta a esta questão só pode ser positiva, por duas principais razões.

Em primeiro lugar, não se pode desconsiderar totalmente um cenário onde, ao fim do período de transição do IBS, fiquemos com todos ou alguns dos tributos antigos (ICMS, ISS, IPI, PIS e COFINS), mais o IBS. A história da tributação mostra que tributos transitórios tendem a durar além do seu prazo de vigência. Talvez o exemplo mais notável dessa resiliência seja o próprio Imposto de Renda que, tendo nascido na Inglaterra como um imposto extraordinário para financiar a guerra contra Napoleão, não só se perenizou como se expandiu pelo mundo. O cenário considerado neste parágrafo não parece provável, mas tampouco pode ser considerado impossível.

De outra parte, uma vez que a PEC 45 prevê a possibilidade de que Estados e Municípios estabeleçam sua própria alíquota de IBS, é possível, sim, que a carga tributária de determinadas operações com mercadorias, serviços e intangíveis seja maior do que a atual. O fim da concessão de benefícios fiscais e a tributação no destino fariam com que os Estados e Municípios tivessem uma maior liberdade para a majoração de alíquotas. Afinal, a pessoa dificilmente mudaria com a família de São Paulo para a Manaus para gozar de uma alíquota de IBS mais baixa no consumo.

Portanto, da perspectiva de carga tributária o que faz o IBS é garantir que ela será **pelo menos** igual à atual. Contudo, é possível que ela aumente.

2. IBS E REGRESSIVIDADE TRIBUTÁRIA

Como comentamos em nosso **primeiro artigo**, parece ser um consenso que o Sistema Tributário Nacional é injusto e que tal injustiça decorre, ao menos em parte, de sua regressividade, ou seja, da cobrança de uma mesma carga tributária de contribuintes com capacidades econômicas distintas.

Nesse aspecto, o IBS é bastante injusto. Trata-se de um superimposto regressivo que vai atingir em cheio a classe média e os mais pobres.

Conforme a crise do Imposto de Renda se acentua, parece haver uma preferência pela praticabilidade em detrimento da justiça, com o crescimento dos tributos sobre consumo. Os primeiros são mais fáceis de arrecadar e incidem sobre uma base menos móvel. Pode ser que se decida pela sua instituição de toda maneira, contudo, não se pode negar o óbvio: o IBS é um tributo altamente injusto.

3. O IBS CONSOLIDA COMO TRIBUTAÇÃO SOBRE CONSUMO A PARCELA DE DESVINCULAÇÃO ILEGÍTIMA DE RECEITAS DA UNIÃO

Se o IBS é um tributo injusto, a meta deveria ser reduzir a sua carga. Veja-se que, neste texto não estou dizendo nada sobre o desenho do imposto. O que estamos sustentando é que a meta deveria ser reduzir a sua participação na arrecadação total, não criar um Godzilla tributário regressivo.

Por exemplo, pela PEC 45 o IBS consolidará, na sua formação, a Desvinculação de Receitas da União que libera 30% das receitas tributárias vinculadas. Esta receita não deveria vir da tributação do consumo, mas da tributação da renda.

4. O IBS NÃO TEM UM MECANISMO PARA A DIFERENCIAÇÃO DOS CONSUMOS

Um aspecto importante é a falta de um mecanismo de diferenciação do consumo no IBS. Atualmente, para o ICMS e o IPI tal instrumento é a seletividade, em função da essencialidade do que se consome.

Não há dúvidas quanto ao fato de que a seletividade é mal utilizada atualmente, principalmente no ICMS. Entretanto, ela tem o potencial de assegurar que os mais pobres e a classe média paguem menos tributos sobre consumos essenciais. A utilização de um modelo de seletividade, padronizado nacionalmente, não geraria maiores complexidades ao tributo e asseguraria uma repartição mais justa do encargo tributário.

Vem sendo dito que a seletividade não é a forma ideal de justiça no âmbito da tributação do consumo, que tal objetivo é melhor alcançado pela transferência direta de recursos para os mais pobres. Será que é isso mesmo?

5. O MECANISMO DE TRANSFERÊNCIA DE RECURSOS É INSUFICIENTE E NÃO PODE SER GARANTIDO

Vários especialistas, baseados em dados empíricos, sustentam que é possível uma maior proteção dos mais pobres adotando-se políticas de retorno financeiro do tributo pago, ao invés de um mecanismo com a seletividade. Afinal, como tributos sobre consumo não são pessoais – não conseguem ter em conta a situação pessoal do consumidor, a redução da tributação para beneficiar os mais pobres acaba por beneficiar, igualmente, os mais ricos.

O argumento, faz sentido. Contudo, ele tem alguns problemas.

Em primeiro lugar, políticas de transferência são incertas e podem ser contingenciadas em momentos de crise. Portanto, se a premissa é não onerar quem não deveria pagar, essa finalidade é alcançada muito mais facilmente não se tributando na origem do que se devolvendo parte do que foi arrecadado.

Por outro lado, há que se definir a quem seria dada a devolução. Fala-se em utilizar os programas sociais como parâmetro. Contudo, os programas sociais, na visão do autor, não alcançam os pobres. Alcançam aqueles que estão mais próximos da miséria ou da pobreza extrema – embora normalmente utilizem a palavra pobres.

O Bolsa Família, por exemplo, é dado a famílias que extremamente pobres (renda mensal individual inferior a R$ 89,00) ou consideradas pobres (renda mensal individual entre R$89,00 e R$ 178,00). Portanto, atrelar a devolução a programas sociais, como o Bolsa Família, faria com que parcela da população que não deveria contribuir seja alcançada pelo imposto (não parece que alguém que viva com renda individual mensal de R$ 178,00 tenha rompido a barreira da extrema pobreza)

E os ricos, que estão tomando carona na tributação mais baixa? Tenho insistido que até agora não temos uma proposta de reforma tributária em tramitação. Temos propostas de reforma da tributação do consumo – não estou considerando aqui as excêntricas propostas de imposto único. Ora, a saída para a tributação dos mais ricos está na reforma do Imposto de Renda. Se este tributo realizasse seus objetivos de progressividade não seria exatamente um problema que os mais ricos não pagassem ICMS ao comprarem arroz e feijão.

Nota-se, então, que não só o IBS pode resultar em um aumento de carga tributária, como também, da perspectiva de divisão da carga tributária ele é um tributo injusto. Se estivéssemos em um momento de reforço das políticas públicas sociais, poderíamos chegar a uma situação em que a arrecadação fosse injusta, mas que a destinação dos valores arrecadados fosse justa e solidária. Entretanto, estamos vivendo um período de revisão silenciosa do modelo de Estado Social da Constituição de 1988. Portanto, nada justifica acentuar a desigualdade com a criação deste gigante regressivo.

6. O IBS DEVERIA SER DESCARTADO?

Nada do que foi dito aqui resulta no necessário abandono do IBS proposto na PEC 45 – ou de qualquer tributo semelhante. Afinal, como apontamos, este texto não debate o desenho do IBS, mas o seu potencial impacto sobre a justiça do Sistema Tributário Nacional. O que estamos sustentando é que um tributo como o IBS deve ser contido. Se efetivamente se tornar o monstruoso tributo que promete ser ele agravará a injustiça que já é a marca do sistema atual.

Nessa discussão muitas vezes surge o que venho chamando "profissões de fé". Argumenta-se que o IBS não precisará ter uma alíquota tão alta pois, com o significativo aumento da atividade econômica que ele impulsionará, a arrecadação crescerá naturalmente.

As profissões de fé têm marcado as reformas, tributárias ou não. Desoneramos a folha de pagamentos com a expectativa de que com menos tributos sobre folha a contratação formal aumentaria, não aumentou. Fez-se a reforma trabalhista com a mesma finalidade – ao menos a mesma finalidade declarada. O desemprego segue arrasando a vida de milhões de brasileiros. O mesmo discurso animou a reforma da previdência. Pelo menos até agora não se sentem os efeitos da aprovação pela Câmara dos Deputados. A bola da vez é a reforma tributária. "Não estamos crescendo porque o Sistema Tributário Nacional é complexo!"

Sistemas tributários usualmente são complexos. A tributação do consumo americana é simples, mas ela é viabilizada pela existência de Impostos de Renda em nível estatual. A tributação da renda está longe de ser simples nos Estados Unidos.

Veja-se que não estamos defendendo que o sistema seja complexo, nem que não possa e deva ser melhorado. Contudo, com a premissa de manutenção da carga tributária no patamar atual, e o potencial de aumento de carga, será que a aprovação da PEC 45, por exemplo, teria efeito de destravar investimentos no curto prazo, sendo que só se vai saber efetivamente qual será o peso do IBS daqui a dez anos? Considerando o cheque em branco previsto no artigo 154, III, da Constituição, com a redação da proposta, para a criação de novos impostos extrafiscais? Parece-nos que não. Se há uma "bala de prata" para superarmos a estagnação econômica, não parece que ela seja a reforma tributária. Não se pode esquecer que os efeitos positivos das alterações feitas agora serão sentidos no médio e no longo prazos, não no próximo ano.

7. CONCLUSÃO

A discussão a respeito da inter-relação entre IBS e justiça tributária expõe a fragilidade de se debater a reforma da tributação do consumo de forma isolada. A questão principal, como destacamos em nosso **primeiro artigo**, é reestruturar o Sistema Tributário Nacional de forma justa. Para tanto, um tributo regressivo como IBS, instituído sem limites, tem um potencial absolutamente corrosivo da justiça tributária. Da maneira como se apresenta não deveria ser aprovado. Porém, caso contido e inserido em uma reforma ampla do Sistema Tributário Nacional, poderia, sim, ser um bom imposto.

9. O FUTURO DOS PREÇOS DE TRANSFERÊNCIA NO BRASIL (2019)

É por todos sabido que, em 2017, o Brasil enviou à Organização para a Cooperação e Desenvolvimento Econômico ("OCDE") um pedido para ingresso em seu quadro de países-membros. Ao que tudo indica, esta decisão da equipe econômica do então presidente Michel Temer não foi precedida de grandes debates com as áreas impactadas pela eventual entrada do Brasil na OCDE, as quais tiveram que lidar com os reflexos dessa iniciativa sem terem participado da tomada de decisão original, ou terem tido a chance de alertar sobre as suas possíveis consequências.

Dada minha pesquisa acadêmica na área da tributação internacional, não raro sou questionado sobre se vale ou não a pena nos tornarmos membros da OCDE. Minha resposta é sempre a mesma: a entrada na OCDE não é, em si, uma decisão tributária. Ela é uma decisão política com potenciais efeitos tributários.

Da perspectiva fiscal, o fato é que o Brasil já tem participação ativa nos principais grupos de trabalho da Organização, gozando hoje de uma posição confortável para seguir seu próprio caminho, quando assim entende ser mais vantajoso. Mesmo a abordagem multilateral que percebemos atualmente no Direito Internacional Tributário, notadamente após os trabalhos do Fórum Global para Transparência e Troca de Informações Tributárias e do *Inclusive Framework* do Projeto BEPS, não impõe a entrada do Brasil na OCDE. Afinal, em ambos os casos foram constituídos grupos paralelos, incluindo mais países não membros do que membros da Organização, todos, ao menos em teoria, em igualdade de participação (*equal footing*), de modo que a participação como um país não membro da OCDE não é, necessariamente, uma desvantagem.

Nada obstante, como apontei acima, entrar na OCDE não é uma decisão tributária. Sendo uma decisão política com efeitos tributários, resta questionar: quais efeitos tributários?

Logo no início dessa aproximação entre o Brasil e a OCDE ficou muito claro qual seria a questão central, do ponto de vista tributário, no caminho da possível entrada do país na Organização: as regras brasileiras de preços de transferência e sua característica mais marcante, as margens fixas, que resultam num desalinhamento importante com o padrão da OCDE.

Tenho insistido que a globalização de princípios, regras e práticas adotadas pelas economias mais desenvolvidas deve levar sempre em conta as capacidades institucionais dos países, principalmente daqueles menos desenvolvidos.[21] Não adianta estabelecer, na lei, um modelo sofisticado de controle de transações entre partes vinculadas, se o país não tiver a infraestrutura de pessoal e de tecnologia necessária para aplicá-lo.

A Lei nº 9.430, que até hoje estabelece a estrutura básica do controle de preços de transferência no Brasil, é de 1996. Entendo que, naquele momento, o Brasil não possuía infraestrutura para adotar um sistema muito sofisticado e aberto de controle de preços de transferência. Mesmo o regime simplificado que adotamos não foi incorporado à prática das autoridades fiscais durante um bom tempo. Portanto, bastante justificável a opção por um modelo mais simples, redutor da complexidade para as empresas e para a própria fiscalização, mesmo que gerador de externalidades negativas: bitributação e dupla não tributação.

Hoje, contudo, a situação é completamente diferente. O estudo da tributação internacional no Brasil deu um enorme salto, quantitativo e qualitativo. Em 1996 podíamos contar os livros sobre a matéria

---

[21] Sobre o tema, ver o artigo "International Taxation, Epistemologies of the South, and Institutional Capacities: Transfer Pricing and the Universalization of the OECD Standards", que publiquei no Kluwer International Tax Blog. Disponível em http://kluwertaxblog.com/2018/05/07/international-taxation-epistemologies-south-institutional-capacities-transfer-pricing-universalization-oecd-standards/. Acesso em 22 de novembro de 2019.

usando os dedos das mãos. Talvez os dedos de apenas uma das mãos. Atualmente, só sobre preços de transferência temos incontáveis livros, artigos, monografias, dissertações e teses.

A compreensão da matéria internacional pelas autoridades fiscais também deu um grande salto qualitativo, para o qual a participação mais intensa nos grupos de trabalho da OCDE teve um papel fundamental. Sem perder contato com os pontos de partida históricos da política fiscal internacional brasileira,[22] percebe-se uma nítida evolução nos(as) auditores(as) da Receita Federal do Brasil – notadamente aqueles que integram a equipe que representa o Brasil nessas discussões com a OCDE.

Não foi só o estágio dos debates sobre tributação internacional no Brasil que mudou. A economia mudou drasticamente de 1996 para 2019. Durante todo esse período a legislação não foi alterada para se adaptar à digitalização da economia. Pelo contrário, as regras brasileiras que regem transações com intangíveis entre partes vinculadas data das décadas de 1950 e 1960. A mudança parece inevitável.

Foi nesse contexto que, nos dias 28 de fevereiro e 01 de março de 2018 foi dado início ao trabalho conjunto entre a Receita Federal do Brasil e a OCDE para a revisão das regras brasileiras de preços de transferência.

Em 11 de julho deste ano, a Receita Federal e a OCDE apresentaram um resultado parcial deste trabalho conjunto. Em verdade, o objetivo deste encontro era divulgar conclusões preliminares sobre os *gaps* da legislação brasileira, considerando como pano de fundo os *Transfer Pricing Guidelines* da OCDE. Anunciaram, em um concorrido evento em Brasília, que havia sido decidida a migração do modelo brasileiro para algo mais próximo ao padrão da OCDE.

Talvez a comunicação neste encontro não tenha sido tão clara, mas a percepção de que o Brasil simplesmente migraria para o padrão da OCDE gerou reações de setores do mercado, da prática e da academia. Juntamente com os professores Heleno Torres, Luís Eduardo Schoueri e Romero Tavares, publiquei na Conjur um manifesto onde nos posicionamos contra uma pura e simples adoção do padrão da OCDE,

---

[22] Sobre o tema, ver: ROCHA, Sergio André. *Política Fiscal Internacional Brasileira*. Rio de Janeiro: Lumen Juris, 2019. Disponível em: http://www.sarocha.com.br/pt/publicacoes/.

sem levar em conta as possíveis vantagens da utilização da experiência brasileira como ponto de partida.[23]

A bem da verdade, talvez a expectativa sobre o que seria comunicado em julho estivesse equivocada. Esperava-se a apresentação de um novo modelo quando, de fato, só se estava dando satisfação do que tinha sido feito naquele um pouco mais de um ano e qual a diretriz que seria adotada na sequência do projeto.

Estamos, agora, na véspera do encerramento deste ciclo inicial do projeto de preços de transferência entre a Receita Federal e a OCDE. O grande marco da mudança de fase deve ocorrer no mês de dezembro, com a publicação de um detalhado estudo sobre o modelo brasileiro, suas fragilidades, diferenças em relação ao padrão da OCDE e razões para a mudança. **Não se deve esperar, de maneira alguma, que seja apresentado o desenho normativo do que se pretende propor para debate e implementação no Brasil**, para que evitemos frustações. O que se apresentará é uma detalhada radiografia sobre o padrão brasileiro de controle de preços de transferência, em comparação aos *standards* da OCDE, a qual será o ponto de partida para uma nova etapa de trabalho, onde se iniciará a elaboração das novas regras – que, por enquanto, não existem. Este relatório – que é a formalização dos resultados preliminares apresentados em julho – será, por si só, o alvo de estudos, análises e críticas, os quais serão importantíssimos para avançarmos no debate.

Pois bem. E quais serão as linhas mestras desta nova fase do projeto de reforma das regras brasileiras de preços de transferência?

Como disse acima, não há, por enquanto, caminhos fechados. Há um grande espaço de construção, onde a participação da Receita Federal, da OCDE, das empresas, da academia e dos profissionais que trabalham no dia a dia com preços de transferência será fundamental. No último dia 14 de novembro tive a oportunidade de debater com as equipes da Receita Federal e da OCDE alguns dos pilares em que se baseia o trabalho que será desenvolvido, que comentarei brevemente a seguir.

1. **Evitar a dupla tributação e a dupla não tributação**: Uma das características mais marcantes da tributação internacional contemporânea, notadamente no período pós-BEPS, é a consolidação da dupla não tributação como uma questão tão relevante quanto a

---

[23] Disponível em: https://www.conjur.com.br/2019-jul-25/opiniao-seguranca-juridica-isonomia-relacao-brasil-ocde. Acesso em 22 de novembro de 2019.

dupla tributação. Ou seja, da mesma maneira que a bitributação da renda deve ser evitada, o regime fiscal internacional deve ser desenhado de maneira tal que sejam afastados hiatos impositivos não intencionais.

O modelo brasileiro de controle de preços de transferência têm deficiências nas duas áreas. Com efeito, as margens predeterminadas, a falta da ajustes correspondentes e a incipiente utilização do procedimento amigável acarretam casos de dupla tributação, da mesma maneira que são explorados como instrumentos de planejamento tributário agressivo.

Portanto, uma das metas que guiam o trabalho de reforma das regras brasileiras é reduzir o espaço para situações de dupla tributação e de dupla não tributação.

2. **Um único regime:** Logo no lançamento do projeto conjunto da Receita Federal com a OCDE no ano passado, havia uma percepção de que um possível caminho a ser seguido seria a adoção de um sistema dual. Ou seja, seriam mantidas as regras brasileiras e acrescidas no sistema outras seguindo o padrão da OCDE. Nesse caso, o contribuinte poderia eleger qual regime adotar: o brasileiro ou o inspirado nos *standards* da OCDE.

Esta alternativa está, atualmente, fora de discussão, decisão que nos parece acertada.

De fato, uma das virtudes do modelo brasileiro é a dita simplicidade, tanto para o contribuinte, quanto para a Administração Tributária.[24] Ora, a coexistência de dois conjuntos de normas, com premissas, conceitos, pontos de partida e de chegada diferentes, certamente transformaria o sistema em algo extremamente complexo, principalmente para os órgãos de aplicação, mas também para os contribuintes. Mal comparando, vejo um paralelo no que aconteceu com a apuração do PIS e da COFINS com a chegada da sistemática não cumulativa de cálculo.

Esta razão – a ultracomplexidade de um sistema dual – já deveria, por si só, ser suficiente para que se abandonasse a ideia de dois regimes. Entretanto, talvez a mesma nem seja a razão mais relevante.

---

[24] Ver: ROCHA, Sergio André. *Política Fiscal Internacional Brasileira*. Rio de Janeiro: Lumen Juris, 2019. p. 163-201. Disponível em: http://www.sarocha.com.br/pt/publicacoes/.

Com efeito, como mencionamos no item anterior, a premissa da mudança é evitar a dupla tributação, prevenindo, igualmente, a dupla não tributação.

A manutenção de dois regimes teria a seguinte consequência: aqueles contribuintes que sofrem com a dupla tributação, como efeito das margens presumidas brasileiras, migrariam para o sistema baseado nos padrões da OCDE. De outra parte, aqueles contribuintes que conseguem transferir lucros para jurisdições de baixa tributação, também em razão das mesmas margens fixas, provavelmente seguiriam utilizando o modelo atual, gerando uma assimetria no sistema.

Percebe-se, portanto, que não é eficiente, da perspectiva de desenho do sistema tributário, ter dois conjuntos de regras em vigor, razão pela qual não se cogita a implementação de um modelo dual, passível de arbitragem pelo contribuinte, que seria gerador de oportunidades de planejamento tributário agressivo.

3. **Inspiração na simplificação do regime brasileiro e para além da experiência nacional:** O fato de se descartar um sistema dual, com dois regimes simultaneamente em vigor, não significa que a experiência brasileira vá ser descartada. A utilização de modelos simplificados transcendeu a experiência nacional e encontrou seu espaço nos próprios trabalhos recentes da OCDE. Há, também, regras de simplificação em diversos países, que também podem ser incorporadas no futuro. Dessa maneira, uma das premissas do trabalho concreto que será desenvolvido adiante é que a aplicação do padrão "OCDE full" somente deve ter lugar quando efetivamente necessário. Mais uma vez, não se sabe, por enquanto, qual será o desenho das regras de simplificação no novo modelo. Em princípio, não se está cogitando uma mera replicação de algo atualmente existente. Nada obstante, busca-se evitar complexidades desnecessárias, reconhecendo a especificidade de determinados setores, transações e de negócios, que podem vir a ter um tratamento simplificado, em busca de maior segurança jurídica.

4. **Capacitação administrativa e mecanismos de solução de disputas são fundamentais:** Há uma nítida percepção de que a mudança de regime não pode vir desacompanhada de maciços investimentos em capacitação do pessoal da Receita Federal do Brasil. Uma mudança de modelo, sem o devido investimento em

treinamento e sistemas, terá impactos dramáticos sobre a segurança jurídica dos contribuintes. Especialmente neste período de transição, que a Receita Federal seja muito rápida na resposta a consultas formuladas pelo contribuintes e que se antecipe dando transparência a suas interpretações por meio de pareceres normativos e outros atos administrativos.

Nada obstante, não é só no campo da Administração Fazendária que investimentos serão necessários. A solução de disputas será uma área fundamental. Desde o evento de lançamento do projeto conjunto Receita Federal/OCDE, venho insistindo que não temos órgãos julgadores, administrativos ou judiciais, capacitados para rever autos de infração de preços de transferência baseados nos *standards* da OCDE. Um dos pilares da próxima fase do trabalho certamente será o desenho dos mecanismos de solução de disputas, não apenas domésticos, mas também internacionais, os quais serão essenciais para o desenvolvimento do novo modelo em um ambiente de segurança e estabilidade.

Fora do campo dos preços de transferência, há certamente outros temas a serem debatidos, mas que não estão no centro do palco no momento. Por exemplo, sabe-se que o Brasil tem uma política importante e consolidada de tributação na fonte sobre o rendimento bruto de não residentes. Será que faz sentido manter esta política inalterada quando há uma mudança na orientação das regras de preços de transferência, tendo como pano de fundo uma distribuição mais justa de receitas tributárias entre os países? Este é um debate que teremos que iniciar.

CONCLUSÃO

Este artigo não tem nenhuma pretensão exaustiva. Creio que a grande mensagem deste texto é que todos que lidamos com o tema devemos colaborar com o trabalho que será desenvolvido a partir de 2020. O relatório que será publicado em dezembro deve dar muito material para estudo crítico e espero que a academia e a sociedade tenham a oportunidade para contribuir com as próximas etapas do trabalho.

Vivemos um período complicado. Reformas por todos os lados. Os pilares 1 e 2 do *unified approach* da Ação 1 do Projeto BEPS ameaça, finalmente, mudar as bases do regime fiscal internacional. Domesticamente, todos os tributos relevantes em termos arrecadatórios são objeto de propostas de reforma. A modificação das regras de preços de transferência é algo tangível, talvez com uma chance de materialização superior a outras propostas de reforma, mas que exigirá um grande esforço para o seu desenho e futura implementação. Que a apresentação do relatório decorrente do trabalho conjunto da Receita Federal com a OCDE seja mais um avanço em direção ao novo regime brasileiro de controle de preços de transferência.

10. INCONSTITUCIONALIDADE E CONTROVÉRSIAS DO FIM DO VOTO DE QUALIDADE (2020)

1. INTRODUÇÃO

O mundo tributário foi abalado neste último dia 14 de abril, com a surpreendente sanção, sem vetos, da Lei nº 13.988 ("Lei 13.988"). Esta Lei foi a conversão da Medida Provisória nº 899/2020 ("MP 899"), que trouxe dispositivos disciplinando a transação tributária.

As regras sobre a utilização da transação no campo tributário já eram inovadoras e geraram inúmeros debates. Contudo, durante a tramitação da MP 899 surgiu um tema, estranho ao texto da Medida Provisória, que rapidamente se tornou protagonista, relegando a transação tributária a um papel de coadjuvante: o fim do voto de qualidade nos julgamentos do Conselho Administrativo de Recursos Fiscais ("CARF").

Apresentaremos neste texto algumas considerações iniciais sobre o artigo 28 da Lei 13.988, começando com elucubrações sobre como chegamos neste ponto, a clara inconstitucionalidade deste dispositivo e questões aplicativas que já estão sendo discutidas, como a possibilidade de sua aplicação retroativa e a legitimidade da Procuradoria da Fazenda Nacional para questionar judicialmente as decisões do CARF contrárias à Fazenda Pública.

2. COMO CHEGAMOS AQUI?

O voto de qualidade para a superação do empate nos julgamentos do CARF – e de seus antecessores – está longe de ser uma novidade. Existe há décadas na legislação que rege o processo administrativo fiscal federal e durante boa parte deste tempo não gerou controvérsias.

Naturalmente, um órgão julgador com uma composição par de membros necessita de algum mecanismo de superação dos inevitáveis empates. Considerando que o processo administrativo fiscal é uma autorevisão da legalidade do ato de constituição do crédito tributário, bastante razoável que a palavra final seja dada por um representante da Fazenda.[25] Ao contribuinte que discorde da decisão administrativa abre-se a via judicial, conforme garantido pelo inciso XXXV do artigo 5º da Constituição Federal.

Nada obstante, de uns anos para cá o voto de qualidade foi se tornando um tema cada vez mais polêmico, sendo objeto de manifestações doutrinárias contrárias e questionamentos judiciais.

Creio que na raiz dessa crescente insatisfação vamos encontrar razões mais empíricas do que técnico-jurídicas.

Vimos apontando que a relação entre Fisco e contribuintes veio se deteriorando até chegarmos ao ponto atual, onde encontramos posições polarizadas que dificilmente possibilitam a construção de ambientes de consenso.[26] Há muito espaço para destruição e pouco ou nenhum para a construção de soluções que protejam os direitos dos contribuintes garantindo, ao mesmo tempo, a necessária arrecadação dos recursos essenciais para o financiamento do Estado.

Essa polarização não raro se transforma em uma espécie de "justiceirismo fiscal", que se materializa numa tendência de alguns quadros da Receita Federal do Brasil de verem os contribuintes, de forma generalizada, como sonegadores.

Foi se tornando cada vez mais comum nos depararmos com autos de infração claramente insubsistentes e, porque não, abusivos, que impunham ao contribuinte cobranças lastreadas em teses frágeis, multas extorsivas, e potenciais consequências criminais inacreditáveis.

---

[25] Ver: ROCHA, Sergio André. *Processo Administrativo Fiscal*. São Paulo: Almedina, 2018. p. 439.

[26] Ver: ROCHA, Sergio André. Reconstruindo a Confiança na Relação Fisco-Contribuinte. *Revista Direito Tributário Atual*, São Paulo, n. 39, 2018.

Espera-se que o CARF seja um órgão de contenção desses desvios. Entretanto, supreendentemente e de forma muitas vezes decepcionante, o Conselho não raro legitima tais cobranças em decisões, no mais das vezes, tomadas pelo voto de qualidade.

Ao dar suporte à polarização que se encontrava no órgão de arrecadação, o CARF foi paulatinamente perdendo o grande apoio que sempre teve dos contribuintes e virando alvo de inúmeras críticas – fundadas e infundadas.

Em algum momento, a polarização Fisco-contribuintes, que se via do lado de fora do Conselho, passou para dentro do órgão, surgindo uma igualmente destrutiva polarização – ao menos em parte – entre conselheiros do Fisco e conselheiros dos contribuintes, a qual ficou completamente evidente durante a tramitação do Projeto de Lei de conversão da MP 899.

Nesse ambiente, a aposta do Fisco foi no aprofundamento das posições extremadas. Cometeram o mesmo erro que os contribuintes em outros casos.[27] Ao invés de buscarem uma posição de equilíbrio, foi feita uma aposta "tudo ou nada" na polarização. Quando se quer ganhar tudo, se arrisca ficar sem nada. E foi o que aconteceu com a Lei 13.988.

Parece que a "vida tributária" imita a "vida política". A incapacidade da autocrítica mais uma vez se fez presente e falou alto nesse processo. A Lei 13.988 certamente não é a solução, mas não se pode, de maneira alguma, negar que havia um problema. Esta Lei não é apenas o resultado de um *lobby* leviano junto ao Poder Legislativo. Ela é uma resposta à distorção que quase todos percebiam na utilização do voto de qualidade no CARF. Talvez ela tenha o mesmo vício: ser extrema demais, tendo consequências imprevisíveis.

3. A LEI 13.988 E SUA INCONSTITUCIONALIDADE

O artigo 28 da Lei 13.988 incluiu um artigo 19-E na Lei nº 10.522 ("Lei 10.522"), segundo o qual "em caso de empate no julgamento do processo administrativo de determinação e exigência do crédito tributário, não se aplica o voto de qualidade a que se refere o § 9º do art. 25 do Decreto nº 70.235, de 6 de março de 1972, resolvendo-se favoravelmente ao contribuinte".

Parece haver pouco espaço para dúvidas quanto a inconstitucionalidade deste dispositivo.

---

[27] ROCHA, Sergio André. Os Contribuintes Perderam o Bonde da História? *Revista Fórum de Direito Tributário*, Belo Horizonte, n. 81, maio-junho de 2016.

Com efeito, desde 2015 há posição do Supremo Tribunal Federal no sentido de que é inconstitucional a prática que ficou conhecida como "contrabando legislativo", que seria a inclusão, via emenda parlamentar, no curso do processo de conversão de Medida Provisória em Lei, de dispositivo alheio ao conteúdo temático daquela. Como ficou registrado na ementa da Ação Direta de Inconstitucionalidade nº 5.127/DF ("ADI 5.127"), "viola a Constituição da República, notadamente o princípio democrático e o devido processo legislativo (arts. 1º, caput, parágrafo único, 2º, *caput*, 5º, *caput*, e LIV, CRFB), a prática da inserção, mediante emenda parlamentar no processo legislativo de conversão de medida provisória em lei, de matérias de conteúdo temático estranho ao objeto originário da medida provisória".

O ponto central da posição adotada pela Suprema Corte foi o de que a edição de Medidas Provisórias está baseada nos requisitos de relevância e urgência, que somente se justificam em relação aos temas tratados pelo Presidente da República. Portanto, a inclusão de matérias que não se encontravam no texto original e que não tem pertinência temática com a Medida Provisória violaria o processo legislativo.

Ora, considerando a posição adotada pelo Supremo Tribunal Federal, com eficácia *erga omnes*, causa espanto a aprovação pelo Poder Legislativo e a sanção pelo Poder Executivo deste artigo 28 da Lei 13.988. Trata-se de dispositivo de evidente inconstitucionalidade, uma vez que o fim do voto de qualidade nos julgamentos do CARF não possui nenhuma relação com a MP 899.

Há um interessante estudo, elaborado pelo Consultor Legislativo do Senado Federal Cesar Rodrigues van der Land, sobre o cenário da apresentação de emendas legislativas no processo de conversão de Medidas Provisórias após a ADI 5.127. Esta pesquisa foi publicada em fevereiro de 2018 e apontou que a prática do "contrabando legislativo" não tinha cessado após a manifestação da Suprema Corte. Temos, diante de nós, mais um exemplo de ato normativo inconstitucional, que provavelmente será objeto de questionamento judicial.

Se o "contrabando legislativo", em si, já causa espécie, há uma questão adicional, que foi abordada pelo Sindicato Nacional dos Auditores Fiscais da Receita Federal do Brasil,[28] que é ainda mais surpreendente:

---

[28] Ver texto disponível em https://www.sindifisconacional.org.br/index.php?option=com_content&view=article&id=37816:sindifisco-solicita-veto-presidencial-ao-fim-do-voto-de-qualidade-no-carf&catid=464:mais-noticias&Itemid=1535.

o fato de que foi incorporado ao texto da Lei 13.988 um dispositivo que **não foi objeto de nenhuma emenda parlamentar**.

Com efeito, o texto que resultou no artigo 28 da Lei 13.988 somente é encontrado na Emenda Aglutinativa nº 1, apresentada pelo Deputado Federal Hildo Rocha. Esta Emenda determinava a aglutinação das Emendas nº 9 e nº 162.

A Emenda nº 162, de autoria do Deputado Gilberto Nascimento, dispunha "sobre a transação relativa ao bônus de eficiência, nas hipóteses que especifica". Esta Emenda não tinha **nenhuma disposição sobre o voto de qualidade**.

A seu turno, a Emenda nº 9, do Deputado Heitor Freire, para surpresa do leitor, **também não trazia a extinção do voto de qualidade**. Veja-se, abaixo, a redação do artigo 19-E, segundo a redação proposta por esta Emenda:

> "Art. 19-E. Se o processo administrativo de determinação e exigência do crédito tributário resolver-se favoravelmente à Fazenda Nacional, em virtude do voto de qualidade a que se refere o § 9º do artigo 25 do Decreto nº 70.235, de 6 de março de 1972, a multa de que trata o § 1º do artigo 44 da Lei nº 9.430, de 27 de dezembro de 1996 (multa qualificada), e as demais multas de ofício serão substituídas pela multa de mora conforme o artigo 61 da Lei nº 9.430, de 27 de dezembro de 1996."

De acordo com o § 3º do artigo 118 do Regimento Interno da Câmara dos Deputados (Resolução nº 17/1989), Emenda Aglutinativa "é a que resulta da fusão de outras emendas, ou destas com o texto, por transação tendente à aproximação dos respectivos objetos". Ou seja, não cabe às Emendas Aglutinativas trazer um conteúdo completamente inovador em relação às Emendas aglutinadas. E foi exatamente o que ocorreu no caso em tela.

Percebe-se, portanto, que a tramitação da Lei 13.988 passou ao largo do **devido processo legislativo**, isso sem nem mencionar que sequer houve debate sobre a matéria, tendo sido o texto aprovado em duas sessões virtuais no contexto da comoção nacional provocada pela pandemia causada pelo Covid-19.

4. A ESTRANHA ALTERAÇÃO DA LEI 10.522

Outro aspecto que chama a atenção é o fato de que a Lei 13.988, ao invés de alterar o Decreto nº 70.235/72, que rege o processo administrativo fiscal federal e que prevê o voto de qualidade, no § 9º do seu artigo 25, alterou a Lei 10.522, que nenhuma relação tem com a matéria.

Talvez a explicação para isso esteja no que comentamos no item anterior. Como se criou a "farsa" da aglutinação das Emendas nº 9 e nº 162, e a primeira incluía o artigo 19-E na Lei 10.522, não houve alternativa senão ao menos manter a "localização geográfica" do novo dispositivo.

5. APLICAÇÃO DA LEI 13.988 NO TEMPO

Deixando de lado a inconstitucionalidade do artigo 28 da Lei 13.988 e tendo como premissa a sua vigência e eficácia, surge um debate sobre os seus efeitos no tempo. Seria este dispositivo retroativo?

Aqui, vamos considerar três situações: uma onde houve uma decisão pelo voto de qualidade na segunda instância e está pendente o julgamento de um Recurso Especial para a Câmara Superior de Recursos Fiscais ("CSRF"); outra onde há decisão da CSRF, proferida pelo voto de qualidade, que ainda não foi publicada; e finalmente casos onde o processo administrativo já se encerrou, com uma decisão desfavorável ao contribuinte pelo voto de qualidade.

No primeiro caso, uma vez que o processo administrativo não se encerrou, parece-nos que seria mais clara a aplicação imediata do novo dispositivo, anulando-se o auto de infração. Acredito que a mesma interpretação possa ser aplicada – de forma menos evidente – nos casos onde já foi proferida uma decisão pela CSRF, pelo voto de qualidade, e a mesma ainda não foi publicada.

Não nos parece que, nestas situações, estejamos diante de uma aplicação retroativa do novo artigo 28, mas sim de sua incidência automática aos processos em andamento, como, de regra, é a aplicação das normas processuais no tempo.[29]

A questão se torna mais complexa no terceiro caso, quando já há uma decisão final do CARF, devidamente publicada, que foi proferida com base no voto de qualidade.

Não há, no Código Tributário Nacional, nenhum dispositivo específico que permita a aplicação retroativa do artigo 28 da Lei 13.988 sobre casos já definitivamente julgados. Afinal, não estamos diante, aqui, de nenhuma das hipóteses previstas nos artigos 106 e 112 do Código.

Entretanto, mesmo que falte uma regra específica no Código Tributário Nacional para a aplicação retroativa de regras processuais, pare-

---

[29] ROCHA, Sergio André. *Processo Administrativo Fiscal*. São Paulo: Almedina, 2018. p. 311-314.

ce-nos possível argumentar que a incidência apenas prospectiva do novo dispositivo geraria distorções na aplicação da legislação tributária a contribuintes em situações equivalentes.

A interpretação no sentido de que seria possível aplicar retroativamente no artigo 28 da Lei 13.988 gera novas discussões. Imaginando que seja possível a aplicação retroativa, ela iria até quando? Cinco anos? Mais tempo? Percebe-se que, embora seja uma discussão viável, deve-se aprofundar seu exame para concluir pela possibilidade de aplicação retroativa da nova regra.

6. QUESTIONAMENTO JUDICIAL DA DECISÃO DO CARF PELA PGFN

Debate que vai ser ressuscitado caso a nova regra permaneça válida e eficaz é a possibilidade, ou não, de questionamento judicial da decisão do CARF pela PGFN.

Analisamos esta questão anos atrás, no contexto da Portaria nº 820/2004, que previu a possibilidade de a PGFN levar ao judiciário decisões dos então Conselhos de Contribuintes, e concluímos pela impossibilidade de uma ação da Procuradoria da Fazenda contra decisão proferida por outro órgão da União Federal.[30] Em grande medida, nossa posição estava lastreada na falta de interesse de agir da União Federal em questionar ato de si própria.

As dificuldades processuais seguem as mesmas, contudo, as circunstâncias do órgão julgador se alteraram significativamente.

A premissa da posição que sustentamos em relação à Portaria nº 820/2004 era que a decisão final no processo administrativo fiscal refletiria a interpretação final da Administração Fazendária. Se a decisão pode ser baseada em votos apenas de conselheiros representantes dos contribuintes, há, certamente, uma modificação substancial de contexto. Contudo, as dificuldades processuais não se alteraram.

---

[30] ROCHA, Sergio André. *Processo Administrativo Fiscal*. São Paulo: Almedina, 2018. p. 264-277.

7. QUAIS SÃO OS PRÓXIMOS PASSOS?

Ainda é cedo para sabermos se o artigo 28 da Lei 13.988 chegará a ser aplicado. Provavelmente, a declaração de sua inconstitucionalidade será buscada perante o Supremo Tribunal Federal. Contudo, esperamos, sinceramente, que este choque tenha sido o suficiente para que haja uma reforma, legislativa e de postura, no CARF.

Em um cenário em que o artigo 28 passe a integrar, em definitivo, o ordenamento jurídico brasileiro, haverá muito o que debater. Venho sustentando que um dos aspectos mais relevantes para o bom funcionamento do CARF é a proteção da independência dos julgadores.[31] A preocupação sempre foi maior com a blindagem dos conselheiros representantes do Fisco e, agora, será relevantíssimo proteger os representantes dos contribuintes de tentativas de influência indevida.

Há muitas perguntas sem resposta e temas a serem aprofundados. Contudo, parece que nada será como antes no processo administrativo fiscal federal.

---

[31] Cf. ROCHA, Sergio André. *Da Lei à Decisão: A Segurança Jurídica Tributária Possível na Pós-Modernidade*. Rio de Janeiro: Lumen Juris, 2017. p. 61-62.

11. A ALEGORIA DO PÊNDULO E OUTROS EQUÍVOCOS PÓS FIM DO VOTO DE QUALIDADE (2020)

No último dia 15 de abril o Jota saiu na frente e foi um dos primeiros a organizar um "webinar", em parceria com o Insper, sobre os efeitos do fim do voto de qualidade no Conselho Administrativo de Recursos Fiscais ("CARF"), promovido pelo artigo 28 da Lei nº 13.988/20 ("Lei 13.988"). Tive a satisfação de participar deste evento juntamente com Bárbara Mengardo (Jota), Breno Vasconcelos (FGV), Leonardo Alvim (Insper), Luís Eduardo Schoueri (USP) e Vanessa Rahal Canado (Insper). Logo na sequência, no dia 17 de abril, o Jota publicou artigo que escrevi sobre a inconstitucionalidade do artigo 28 e alguns outros temas controvertidos decorrentes da entrada em vigor da Lei 13.988.

Em pouco mais de uma semana da realização daquele evento, foram organizados quase uma dezena de "webinars" e encontros digitais afins, debatendo o fim do voto de qualidade. No mesmo período, foram publicados alguns artigos e ensaios. Iniciou-se, também, a movimentação em direção ao questionamento judicial da nova regra.

Todos os debates recentes me motivaram a escrever este novo texto, abordando alguns dos temas que se tornaram controvertidos desde a publicação, sem vetos, da Lei 13.988.

1. UM ERRO RECORRENTE: O VOTO DE QUALIDADE NA REVISÃO DE AUTOS DE INFRAÇÃO MORREU

Nos diversos debates sobre o artigo 28 da Lei 13.988 notamos, em várias ocasiões, um erro importante na interpretação da nova regra. De forma surpreendente, muitas vezes se falou em atribuição do voto de qualidade aos conselheiros representantes dos contribuintes.

Isto é, sem dúvida alguma, um erro de discurso. O que o novo dispositivo fez foi, de forma canhestra e indireta, acabar com o voto de qualidade no CARF para os julgamentos de processos administrativos de determinação e exigência do crédito tributário.

Com efeito, caso tivesse sido atribuído o voto de qualidade a um conselheiro representante dos contribuintes, tal voto poderia ser pela manutenção ou pela extinção, total ou parcial, do crédito tributário. Evidentemente não foi isso que o artigo 28 fez. Este dispositivo estabeleceu que no caso de empate o auto de infração será sempre desconstituído. Portanto, o artigo em questão não tem nenhuma relação com a atribuição do voto de qualidade aos conselheiros da representação dos contribuintes.

2. SOBRE A ALEGORIA DO PÊNDULO

Desde a edição da nova regra, diversos especialistas, muitos com sólidos conhecimentos tributários, começaram a usar a metáfora do pêndulo para fazer referência à motivação e às consequências do artigo 28 da Lei 13.988. A imagem remeteria a um pêndulo movendo-se de um lado ao outro. Sugere-se que no CARF "pré Lei 13.988", o voto de qualidade teria levado o pêndulo para um extremo e que, agora, com a nova regra, o tal pêndulo teria ido para o extremo oposto.

Acredito que, mesmo sem perceber, todos que usam esta alegoria para se referir ao CARF "pós Lei 13.988" acabam por mal representar a realidade do Conselho e dos conselheiros representantes dos contribuintes. Sem querer, ao usarem a imagem do pêndulo, refletem as críticas mais infundadas que têm sido dirigidas a estes conselheiros: a de que eles sempre votariam favoravelmente aos contribuintes, como se fossem uma bancada sem independência e capacidade de reflexão.

Não tenho nenhuma dúvida de que, considerando a composição atual do CARF e tendo como premissa que os mesmos critérios técnicos serão utilizados para a recondução dos atuais conselheiros e para a seleção dos conselheiros do futuro, o tal pêndulo não irá, de modo algum, para um dos extremos, como alguns saudosistas de um Direito Tributário do passado gostariam, da mesma maneira que não acredito que no CARF "pré Lei 13.988" tenha havido a adoção generalizada de posições extremadas em favor do Fisco.

Nas últimas décadas houve um amadurecimento da teoria tributária brasileira e dos seus órgãos de aplicação. A nova regra, atendidas as premissas que coloquei acima – manutenção de critérios exclusivamente técnicos para seleção e recondução de conselheiros –, traz o tal pêndulo muito mais próximo do centro do que de um suposto extremo.

Tenho plena convicção de que muitos que estão utilizando esta referência ao pêndulo, numa segunda reflexão perceberão que não se trata de uma mudança de 180 graus. Não estamos diante de uma guinada de um cenário de "nada pode" para outro de "tudo pode", como já ouvi. Os demais, que se lembram com saudade da época em que bastava um "casa e separa" com todos os atos praticados em um dia para se afastar a tributação do ganho de capital na alienação de uma participação societária, por exemplo, logo estarão novamente frustrados, criticando os conselheiros dos contribuintes que não aceitam o papel de meros carrascos de autos de infração.

Essas posições refletem uma patologia de parte significativa dos teóricos, estudiosos e aplicadores do Direito Tributário: a incapacidade de ver além de posições binárias extremadas. Contudo, a tributação não é binária. É um fenômeno ambivalente e complexo que não se enquadrará jamais nesta visão de um pêndulo estático, parado em um extremo ou noutro. A tributação enquadra-se muito mais na imagem de um pêndulo em movimento, com diversas e variadas possibilidades interpretativas e aplicativas.

3. POR QUE O DESCONFORTO DO FISCO COM O FIM DO VOTO DE QUALIDADE?

Já tem algum tempo que há uma espécie de guerra estatística em torno do voto de qualidade. Afinal, não são só as palavras que são abertas à interpretação. Pelos números do CARF, o voto de qualidade teria uma participação pequena na solução de casos pelo Conselho. Ademais, indicavam-se tanto decisões contrárias quanto favoráveis aos contribuintes. De outra parte, observadores das decisões do CARF apontavam que nos grandes casos o voto de qualidade era manejado pela manutenção da autuação fiscal em cem por cento dos processos.

Surge, então, uma argumentação, sem grande fundo técnico, que basicamente se resume a jogar os números do CARF contra a indignação de alguns setores da Fazenda e da Receita Federal em consequência do fim do voto de qualidade: o voto de qualidade não era residual, então, qual seria o grande impacto negativo?

Naturalmente este argumento tem pouco, ou nenhum sentido. Qualquer observador atento sabe que o voto de qualidade não era irrelevante, em especial nas questões de maior importância julgadas pelo CARF.

Em meu artigo anterior, deixei registrado que havia situações onde o voto de qualidade era utilizado de maneira realmente distorcida. Poucos exemplos refletem melhor este tipo de situação do que a manutenção da multa qualificada nos casos de empate. Abstenho-me aqui da discussão sobre a aplicação, ou não, do artigo 112 do Código Tributário Nacional nessas situações. A questão é mais simples. Se a aplicação da multa qualificada requer a identificação de uma conduta dolosa fraudulenta, o empate deveria, por si só, levar o órgão de julgamento a reconhecer que a mesma não teria sido provada além da dúvida razoável pelas autoridades fiscais.

Contudo, deve-se reconhecer, também, que em diversos casos o que havia no caso sob exame pelo Conselho era uma tese jurídica, que havia sido rechaçada pelo Fisco. O melhor exemplo deste tipo de situação talvez seja o afastamento das regras brasileiras de tributação de lucros de controladas e coligadas de empresas brasileiras no exterior quando presente um tratado internacional tributário. Ora, estamos diante de uma questão jurídica interpretativa. Se há dúvida, parece-me completamente razoável que a questão seja solucionada, administrativamente, pela procedência do auto de infração, deixando a cargo do Poder Judiciário a solução da controvérsia entre o Fisco e o contribuinte.

4. JABUTI OU TARTARUGA?

No artigo anterior no Jota, defendi a inconstitucionalidade do artigo 28 da Lei 13.988. Naquela oportunidade, fiz referência à decisão do Supremo Tribunal Federal no sentido de que é inconstitucional a prática que ficou conhecida como "contrabando legislativo", que seria a inclusão, via emenda parlamentar, no curso do processo de conversão de Medida Provisória em Lei, de dispositivo alheio ao conteúdo temático daquela (Ação Direta de Inconstitucionalidade nº 5.127/DF – "ADI 5.127").

Na última semana, alguns especialistas se manifestaram em sentido contrário à minha posição, argumentando que não se trataria, no caso em tela, do chamado "jabuti legislativo". A referência ao pobre réptil deve-se ao ditado popular: "jabuti em cima da árvore, ou foi enchente, ou foi mão de gente." O principal argumento dessa corrente é o de que, no citado precedente do STF, a discrepância entre a matéria da Medida Provisória ("MP") questionada, que já era um "balaio de gato" que tratava de benefícios fiscais ao Fundo da Marinha Mercante, passando por outros temas, e o "jabuti" – fim da profissão de técnico em contabilidade –, deixava mais evidente a completa falta de relação entre o texto da MP e a emenda inserida no curso do processo legislativo.

Ora, mais uma vez, o defeito deste raciocínio é só conseguir enxergar um mundo de extremos. É lógico que há graus que podem ser identificados no reconhecimento de um "jabuti legislativo", como, por exemplo, quando se tentou, na tramitação da Medida Provisória nº 627/2013, que tratava do fim do Regime Tributário de Transição e das novas regras de Tributação em Bases Universais, incluir um dispositivo que acabava com a taxa de inscrição no exame da Ordem dos Advogados do Brasil. Este é um "contrabando legislativo" extremo.

Nada obstante, nada, mas absolutamente nada no precedente do STF indica que a identificação de um "contrabando legislativo" depende de uma desconexão tão gritante. A questão aqui é razoavelmente simples: a conversão de Medidas Provisórias em Leis tem um processo legislativo especial, o qual decorre da caracterização de um determinado tema como urgente e relevante, definição essa de competência exclusiva do Presidente da República. Portanto, a intervenção do Congresso Nacional no texto da Medida Provisória tem que se limitar à matéria estritamente proposta pelo Presidente.

Nessas semanas já ouvimos posições em diversos sentidos. "É tudo Direito Tributário, então não é um 'jabuti'". Ou, "são ambos casos de extinção do crédito tributário, então estava contido na Medida Provisória".

Parece-nos que essas opiniões distorcem o precedente do STF. Não se tratava, ali, da existência ou não de "relações de parentesco" entre a Medida Provisória e a Emenda, se era seu pai, ou aquele amigo da família que por qualquer razão você chama de tio. A questão é mais simples: ou o Presidente da República tratou explicitamente do tema e, portanto, ele pode ser emendado pelos deputados e senadores, ou a matéria não estava presente na Medida Provisória e não pode ser incluída durante o processo legislativo. Neste caso, a toda evidência, estamos na segunda hipótese, sendo, portanto, inconstitucional o artigo 28 da Lei 13.988.

Note-se que não se trata, aqui, de assunto interno do Congresso Nacional. Estamos diante de invasão, pelo Legislativo, de competência atribuída pela Constituição Federal ao Chefe do Poder Executivo. Portanto, ao afastar o artigo 28, por vício de inconstitucionalidade, não estaria o Supremo Tribunal Federal tutelando matéria interna do Congresso, mas sim afastando uma invasão de competência.

5. PROCESSO LEGISLATIVO HETERODOXO E SUAS CONSEQUÊNCIAS

Fazendo mais uma vez referência ao artigo anterior publicado no Jota, eu já tinha chamado a atenção para o caráter absolutamente heterodoxo do processo legislativo neste caso, uma vez que o artigo 28 decorreu de uma Emenda supostamente aglutinativa, mas que criou um texto que não estava nas emendas que dizia aglutinar. De outro lado, as votações ocorreram em atípicas sessões virtuais, no contexto da crise de saúde pública pela qual estamos passando, de modo que há uma enorme possibilidade de que muitos tenham votado e aprovado o texto sem saber ao certo o que estavam votando e aprovando.

A polarização tributária no Brasil alcançou níveis tão alarmantes que, uma violação tão evidente, tão assustadora do devido processo legal legislativo é não só ignorada como considerada coisa menor, irrelevante.

É grave a forma como se deu a tramitação do projeto de lei de conversão da Medida Provisória nº 899/2020. Todos que têm uma preocupação com o funcionamento das instituições deveriam indignar-se com o que aconteceu. Infelizmente, estamos vendo exatamente o contrário. Provavelmente motivados pela (falsa e ingênua) impressão de que o mundo do "tudo pode" voltou, muitos estão pouco ligando sobre como chegamos lá.

6. PANO PRA MANGA

Conforme encerro este artigo, que já se alongou demais para o formato digital, penso em todos os temas que não foram tratados. Haverá o momento para cuidar de todos eles, mas, por enquanto, ainda havia o que debater sobre o contexto em que surgiu a Lei 13.988.

12. FIM DO VOTO DE QUALIDADE: APLICAÇÃO NO TEMPO DO ARTIGO 28 DA LEI Nº 13.988/2020 (2020)

1. INTRODUÇÃO

O artigo 28 da Lei nº 13.988/2020 ("Lei 13.988") alterou a Lei nº 10.522/2002 ("Lei 10.522"), incluindo nesta última o artigo 19-E, estabelecendo que "em caso de empate no julgamento do processo administrativo de determinação e exigência do credito tributário, não se aplica o voto de qualidade a que se refere o § 9º do art. 25 do Decreto nº 70.235, de 6 de março de 1972, resolvendo-se favoravelmente ao contribuinte."

Uma das controvérsias decorrentes da edição deste dispositivo é relativa à sua aplicação no tempo.

A própria Lei 13.988 não trouxe nenhum dispositivo específico sobre esta matéria, limitando-se a estabelecer a sua entrada em vigor na data de sua publicação. Surgem, então, duas questões relevantes:

a. Qual o alcance da aplicação da Lei 13.988 a processos em curso?
b. É possível a aplicação da Lei 13.988 a casos encerrados?

Em artigo publicado logo que editada a Lei 13.988,[32] sustentei que a nova regra deveria ser aplicada a processos administrativos em an-

---

[32] ROCHA, Sergio André. Inconstitucionalidade e controvérsias do fim do voto de qualidade. Disponível em https://www.jota.info/opiniao-e-analise/artigos/inconstitucionalidade-e-controversias-do-fim-do-voto-de-qualidade-17042020. Acesso em 19 de maio de 2020.

damento, mesmo em relação a decisões já proferidas. Neste mesmo texto rejeitei, em uma primeira aproximação, sua aplicação a processos já encerrados.

Naquela oportunidade, argumentei que, em princípio, não seria aplicável, neste caso, o artigo 106, II, "a", do Código Tributário Nacional.

O referido artigo foi escrito no dia 14 de abril, portanto, no mesmo dia de publicação da Lei 13.988. Foram primeiras reações, que passaram por uma reflexão mais aprofundada nas semanas que seguiram à publicação da Lei. Nos parágrafos seguintes, apresentaremos um breve refinamento das considerações apresentadas naquele texto.

Uma ressalva: sabe-se que este dispositivo incluído na Lei 10.522 pela Lei 13.988, teve sua constitucionalidade questionada em Ações Diretas de Inconstitucionalidade ("ADI") que foram distribuídas ao Ministro do Supremo Tribunal Federal, Marco Aurélio Mello. Neste texto, assumiremos a vigência e eficácia da Lei, uma vez que nenhuma decisão foi proferida em tais ADIs.[33]

2. PREMISSAS: PRINCÍPIOS DA ISONOMIA E DA COERÊNCIA DAS DECISÕES

A questão analisada neste breve artigo coloca em rota de colisão princípios importantes do ordenamento jurídico brasileiro. De um lado, o princípio da segurança jurídica, e o ambiente de previsibilidade e estabilidade que visa promover, vai orientar a criação de regras que estabeleçam a aplicação de mudanças legislativas apenas em relação a fatos ocorridos no futuro. De outra parte, o princípio da isonomia impõe que, ausentes critérios que justifiquem o tratamento diferenciado, aqueles que praticam o mesmo ato jurídico devem se submeter às mesmas consequências – tributárias, administrativas, etc.

Dessa maneira, afronta o ordenamento jurídico a existência de situações onde atos de mesma natureza, conteúdo e extensão, praticados no passado, tenham consequências jurídicas distintas. Por exemplo, deve causar espécie ao intérprete/aplicador do Direito Tributário que um contribuinte, ao realizar determinado ato jurídico, sofra uma imposição fiscal, enquanto outro, ao praticar o mesmo ato, por vezes no mesmo período, e sem que haja uma causa legítima de exclusão ou tratamento diferenciado, não deva recolher tributo algum.

---

[33] São as ADIs nº 6.399, nº 6.403 e nº 6.415.

Este tipo de situação insulta a noção de isonomia, entendida como generalidade da tributação, e deve ser combatida sempre que identificada.

É possível que tal violação ao princípio da isonomia – inclusive em sua vertente de proteção da livre concorrência – se dê no contexto de mudanças jurisprudenciais. Ou seja, se há uma alteração na posição de um órgão com competência para tomar decisões definitivas, a mudança de orientação, que torna o que foi antes considerado tributável, em evento excluído do campo de incidência, deve ter o alcance mais amplo possível, sob pena de tornar letra morta princípios caros ao ordenamento jurídico brasileiro.

Entra em cena, então, o princípio da coerência jurisprudencial, formalizado no artigo 926 do Código de Processo Civil ("CPC"),[34] que estabelece como fim que as decisões dos órgãos julgadores sejam coerentes, buscando-se evitar que situações idênticas ou muito semelhantes sejam objeto de decisões opostas, como seria a consideração do mesmo ato ou negócio jurídico como simultaneamente tributável e não tributável.

Portanto, pode-se estabelecer como premissa dessas considerações que se deve interpretar o ordenamento jurídico buscando alcançar a coerência das decisões de órgãos julgadores e a aplicação concreta da legislação tributária aos contribuintes de forma uniforme, o máximo que seja jurídica e faticamente possível, evitando-se a situação aviltante de que contribuintes na mesma situação, realizando os mesmos fatos, tenham tratamentos fiscais distintos.

3. A NATUREZA JURÍDICA DO PROCESSO ADMINISTRATIVO FISCAL E A REGRA DA LEGALIDADE

Há mais de quinze anos defendo que o processo administrativo fiscal é um instrumento de revisão de atos administrativos de cobrança tributária, pautado pela legalidade objetiva, onde não há litígio, mas sim a aplicação concreta da lei. Como já apontei, "o administrado, quando requer a revisão de determinado ato administrativo pela própria Administração, não faz nascer uma lide no sentido apontado acima, dando origem, isso sim, a um processo de revisão que, dada a sua importância

---

[34] Recorde-se que o CPC é aplicável subsidiariamente ao processo administrativo fiscal, por força do disposto em seu artigo 15. Ver: ROCHA, Sergio André. *Processo Administrativo Fiscal*. São Paulo: Almedina, 2018. p. 340-342.

como instrumento de controle da legalidade administrativa, é resguardado por diversas regras e princípios constitucionais".[35]

Esta é uma questão importante. Afinal, em um processo onde não há partes em litígio, a finalidade é a prevalência da legalidade concreta, sendo ainda mais necessária a coerência das decisões. O ordenamento jurídico deve ser interpretado de maneira que prestigie, ao máximo, a legalidade e a aplicação da lei de forma igual a todos os contribuintes que estejam na mesma situação.

Não se pode desconsiderar que o CARF é o órgão competente para definir a legalidade concreta em âmbito administrativo e, com a vigência do artigo 19-E da Lei 10.522, nos casos de empate, tal legalidade concreta se dará pela prevalência da interpretação mais favorável ao contribuinte.

4. APLICAÇÃO DO ARTIGO 106, I, DO CÓDIGO TRIBUTÁRIO NACIONAL ("CTN")

De acordo com o inciso I do artigo 106 do CTN, "a lei aplica-se a ato ou fato pretérito", "em qualquer caso, quando seja expressamente interpretativa, excluída a aplicação de penalidade à infração dos dispositivos interpretados".

Ora, a retroatividade da lei interpretativa se deve ao fato de que ela meramente fixa a interpretação de dispositivo já vigente, ou seja, ela não inova o ordenamento jurídico, criando uma obrigação até então não prevista.

O novo artigo 19-E da Lei 10.522, embora não seja um dispositivo, em si, interpretativo, terá um efeito que se amolda à finalidade do artigo 106, I, do CTN.

De fato, a consequência potencial desde artigo 19-E será a mudança da interpretação da legislação tributária, tendo efeitos sobre a legalidade concreta.

Dessa maneira, é possível considerar a aplicação, por analogia,[36] deste dispositivo, uma vez que o efeito prático se adequa àquela do artigo 106, I, do CTN.

---

[35] ROCHA, Sergio André. *Processo Administrativo Fiscal*. São Paulo: Almedina, 2018. p. 197.

[36] Recorde-se que o artigo 108, § 1º, do CTN apenas veda o emprego da analogia se dela resultar a exigência de tributo.

5. APLICAÇÃO DO ARTIGO 106, II, "A" DO CTN

Segundo o artigo 106, II, "a" do CTN, "a lei aplica-se a ato ou fato pretérito", "tratando-se de ato não definitivamente julgado", "quando deixe de defini-lo como infração".

Interpretado de forma literal, este dispositivo não seria aplicável ao caso em tela, uma vez que o artigo 19-E da Lei 10.522 não deixa de definir determinado fato como infração. Contudo, ao estabelecer um novo critério para a determinação da legalidade concreta, o efeito é muito semelhante: o resultado da aplicação deste artigo 19-E será a interpretação de que determinado ato praticado pelo contribuinte não configura infração à legislação tributária.

As situações afetadas pelas mudanças de interpretação em decorrência do artigo 19-E da Lei 10.522 são ainda mais dramáticas do que aquelas tipicamente alcançadas pelo artigo 106, II, "a", do CTN.

De fato, no caso da lei nova que deixa de considerar certo fato como infração, o mesmo efetivamente era uma infração até a nova lei. Já nos casos de aplicação do artigo 19-E, a fatos anteriores, uma vez que estamos diante de uma questão interpretativa, nunca teria sido caracterizada infração.

Tendo em vista os princípios maiores que devem guiar a interpretação/aplicação da legislação tributária, torna-se, então, aplicável este artigo 106, II, "a", uma vez mais por analogia, ao artigo 19-E da Lei 10.522.

6. QUESTÕES DE FATO E QUESTÕES DE DIREITO

Os comentários apresentados nos itens 4 e 5 apontam que a posição ora defendida se amolda mais àquelas situações onde o caso decidido cuidava de questão de direito, de interpretação da legislação tributária, do que a decisões baseadas em análises fáticas. Assim sendo, se a decisão anterior foi proferida tendo em conta questões fáticas específicas do caso julgado, não nos parece que a interpretação apresentada acima seja aplicável.

7. E O CASO DOS PROCESSOS ADMINISTRATIVOS JÁ ENCERRADOS?

Em relação aos processos administrativos já encerrados, os mesmos argumentos seriam aplicáveis. A diferença, nesses casos, é mais de percepção do que jurídica.

Com efeito, é possível argumentar a aplicação da nova regra a casos encerrados com base nos princípios da isonomia, da coerência e na própria regra da legalidade.

De fato, no momento que a legalidade concreta passa ser definida com base em um novo critério, permitir a manutenção da cobrança de um tributo que não seria devido com base na lei é algo certamente condenável.

Em casos onde estivermos diante de interpretações jurídicas, a procedência deste argumento ficará ainda mais evidente. Imagine-se que após consolidar a posição de que não é possível a amortização fiscal de "ágio interno" (pré-Lei 12.973), a CSRF passe a decidir que não há restrições a utilização do ágio neste caso.

Se esta é a posição oficial do órgão de revisão, responsável pela constituição definitiva do crédito tributário, ela tem que valer para todos os contribuintes. Estaremos diante da interpretação oficial da legislação, como sempre deveria ter sido.

Este fato atrai o racional do artigo 106, I, do CTN. Se tenho uma interpretação da regra que já estava em vigor, ela tem que valer para todo período de vigência, e não apenas em decisões futuras, o que causaria uma rachadura na isonomia que deve prevalecer entre os contribuintes.

Em relação ao artigo 106, II, "a", do CTN, há vários precedentes que consideram que pendência de decisão judicial indica que não houve, ainda, decisão definitiva sobre o tema.

Lembrando que, em ambos os casos de aplicação do artigo 106, estamos considerando a sua incidência por analogia. O artigo 106, II, "a", do CTN, por exemplo, tipicamente considera regras que estabelecem infrações, não regras de incidência.

8. CONCLUSÃO

Considerando os comentários acima, é possível concluir que:

a. Há argumentos para sustentar a aplicação do novo critério de definição da legalidade concreta a casos anteriores, estejam os processos administrativos ainda em andamento ou já tenham os mesmos sido encerrados.

b. Conforme as decisões comecem a ser proferidas com base na nova sistemática, notadamente pela Câmara Superior de Recursos Fiscais, tais decisões reforçarão tais argumentos – caso revertam entendimentos anteriores.

13. O STF E A TRIBUTAÇÃO DA LICENÇA DE SOFTWARE (2020)

Texto escrito em coautoria com Luiz Guilherme de Medeiros Ferreira

Há duas décadas um tema vem desafiando os tributaristas: a incidência ou não do ICMS e do ISS sobre o licenciamento ou cessão de uso de programas de computador, expressão utilizada aqui em sentido amplo, para nos referirmos a softwares utilizados em qualquer tipo de terminal (telefones, *tablets*, vídeo games, etc.).

Muitos vão lembrar que os primeiros passos neste debate foram dados em 1998, quando o Supremo Tribunal Federal ("STF") julgou o Recurso Extraordinário nº 176.626 ("RE 176.626"), fazendo a distinção que acabou se eternizando para além da vida do próprio modelo econômico em vigor naquela época, entre "software de prateleira" e "software customizado".

Esta decisão marca o nascimento de alguns equívocos que sobreviveram até os dias atuais e que têm causado distorções que se refletem no debate a respeito da tributação do licenciamento de softwares pelo STF: a premissa de que há uma aproximação entre o licenciamento de um programa de computador customizado e a contratação de um prestador de serviços para a sua elaboração; e o entendimento de que, naquele caso, o Tribunal teria considerado constitucional a tributação da licença de softwares não customizados pelo ICMS.

Com efeito, no que se refere aos programas não customizados, o contrato celebrado entre o detentor do intangível e o consumidor final **sempre foi um contrato de licença de uso**. O meio físico era um estranho nessa relação, à espera de que a tecnologia o tornasse dispensável, como de fato aconteceu. Contudo, dentro da caixa de cada software, o que o consumidor encontrava: um contrato de adesão de licenciamento, ou seja, a cessão do direito de uso de um intangível.

Se deixarmos de lado as discussões adicionais geradas pela migração dos programas para a nuvem, em termos contratuais há pouca diferença entre o licenciamento de um software não customizado hoje, em 2020, e a mesma operação vinte anos atrás. Sempre se tratou de um licenciamento. A diferença está mais na tecnologia, que se desprendeu do meio físico, e no período do licenciamento, que se flexibilizou para permitir modelos de contratação no formato "pay per use", onde a cessão do direito de uso se dá de forma temporária, enquanto subsistirem pagamentos mensais.

Desde esta decisão, o debate sobre a tributação de programas de computador se pautou por um angulo totalmente equivocado, partindo de duas premissas falsas: (i) a de que o software, quando materializado em um corpo mecânico, teria incidência de ICMS, com a desnaturação do aspecto intangível do objeto da cessão de uso do programa, cedendo espaço ao seu aspecto físico; e (ii) de que essa mesma cessão de uso estaria presente quando o contrato com o consumidor final tem um escopo de customização.

Seguindo esse equivocado raciocínio, concluir-se-ia que softwares "de prateleira", disponibilizados por meio físico, seriam mercadorias sujeitas ao ICMS (obrigação de dar), e que no programa customizado se poderia tributar o licenciamento, eis que objeto de um serviço (obrigação de fazer).

Nada poderia ter sido mais errado. Esses dois equívocos, que o STF se encaminha agora para corrigir, pautaram os debates sobre a tributação de programas na tão equivocada quanto enfadonha dualidade entre obrigação de dar e obrigação de fazer.

Uma análise mais detalhada do RE 176.626 revela que o ponto controvertido naquela demanda era a incidência, ou não, de ICMS sobre licença de uso sobre softwares de prateleira. A ação teve iniciativa do contribuinte, que buscou a declaração da inexistência de relação jurídica tributária de ICMS na cessão de uso de software. Naquela oportunidade o contribuinte saiu vencedor, prevalecendo o entendimento de que licença de software não está sujeita ao ICMS, sem distinção quanto ao programa ser ou não "de prateleira", disponibilizado por meio físico.

Contudo, ao analisar o Recurso Extraordinário interposto pelo Estado de São Paulo, o voto condutor do Ministro Sepúlveda Pertence acentuou que, não obstante a licença não pudesse ser sujeita a ICMS, o aspecto físico do programa poderia ser tributado pelo aludido imposto.

Assim, o resultado final do julgamento afastou a possibilidade de tributação de licenças pelo ICMS, fazendo-se o registro, porém, de que muito embora não fosse objeto dos autos a questão da tributação do meio físico, ou seja, da embalagem, a circulação desta poderia se sujeitar à incidência do imposto estadual.

O segundo erro que teve origem no RE 176.626 foi a premissa de que a customização do programa de computador seria manifestada por uma licença de uso.

Esse realmente é um equívoco constante da decisão que fechou o raciocínio, descasado da realidade fática, de que no caso do software "de prateleira" **a licença seria uma mercadoria**, e que, no caso do programa customizado, **a licença seria um serviço**.

De fato, na contratação do chamado software customizado não se tem, via de regra, qualquer licenciamento – cessão de direito de uso por um prazo determinado – do intangível. Quando o consumidor contrata alguém para programar ou elaborar um software de acordo com suas instruções, há, em essência, a aquisição ou o desenvolvimento de um ativo intangível. O pagamento dele se dá pela prestação de um serviço de elaboração de programa de computador (item 1.04 da Lista de Serviços anexa à Lei Complementar nº 116/2003) ou de programação (item 1.02), **não pelo licenciamento de um software**. Isso é o que se extrai do próprio artigo 4º da Lei nº 9.609/98 ("Lei do Software").

Dessa maneira, parece que há um pecado original neste debate sobre a tributação da licença de software, tendo como premissa a customização – maior ou menor – ou não customização do programa. O relevante é: há licenciamento ou não. Se há licenciamento, não interessa a origem ou a pretensa tipologia do software. Por outro lado, se o objeto da contratação foi a programação em si – a tão falada customização, não há qualquer relação entre o que foi contratado e o licenciamento do intangível. São contratos com objetos diversos.

Essa questão é essencial para solucionarmos a controvérsia a respeito da incidência do ICMS sobre o licenciamento de programas de computador, tema que está sob análise pelo STF em nada menos que cinco Ações Diretas de Inconstitucionalidade ("ADIs" n°s 1.945, 4.623, 5.576, 5.659 e 5.958), duas das quais encaminham-se para o encerramento de seu julgamento. Vejamos.

Ao analisarmos os debates nessas ADIs, vamos encontrar grandes controvérsias a respeito da interpretação da materialidade constitucional do ICMS, em sua incidência sobre operações de circulação de mercadorias. Notadamente, há infindáveis discussões a respeito do qual seria o conceito constitucional de mercadoria – embora a questão central fosse mesmo o conceito de "operações".

Esta controvérsia talvez fosse relevante até a entrada em vigor da Lei Complementar n° 116/2003, que trouxe a disciplina nacional do ISS. Contudo, essas empolgantes e apaixonantes discussões sobre a materialidade constitucional do ICMS parecem-nos completamente superadas pela decisão do legislador complementar.

Sabe-se que a Lista de Serviços anexa à referida lei complementar trouxe, em seu item 1.05, a incidência do ISS sobre "licenciamento ou cessão de direito de uso de programas de computação". Portanto, neste particular, a Lei Complementar n° 116/2003 trouxe uma regra clara de alocação de competência para os Municípios instituírem e cobrarem o ISS sobre tais atividades.

Ora, com base nos esclarecimentos apresentados anteriormente, não parece haver dúvidas quanto ao fato de que este item 1.05 refere-se, principalmente, **ao licenciamento do direito de uso de programas de computador <u>não customizados</u>**, os ditos softwares "de prateleira" ou "standard". Afinal, como ficou claro, a contratação de softwares customizados usualmente se dá pela celebração de um contrato de prestação de serviços de elaboração de programas de computador ou de programação, e <u>não por meio de um contrato de licença</u>.

O STF já formou maioria para reconhecer a não incidência do ICMS sobre o licenciamento de programas de computador, seja qual for sua natureza – customizado, customizável ou não customizado –, no julgamento das ADIs 1.945 e 5.659 Aguarda-se, agora, com grande expectativa, a sua finalização e a redação dos acórdãos dessas decisões.

Idealmente, segundo vemos, o STF deveria reconhecer, apenas e tão somente, a prevalência da Lei Complementar nº 116/2003 e, consequentemente, a inconstitucionalidade da incidência do ICMS sobre a licença de programas de computador. Esta é uma questão muito importante.

De fato, uma coisa é reconhecer o licenciamento de softwares não se sujeita à incidência do ICMS. Pode-se até, como indicam as posições manifestadas pelos Ministros do STF no julgamento das ADIs 1.945 e 5.659, concluir pela incidência do ISS sobre tais licenciamentos. Contudo, deve-se, segundo vemos, circunscrever essas posições às esferas do ICMS e do ISS.

Com efeito, pode-se estabelecer que, para fins específicos e exclusivos de incidência do ISS, o licenciamento de programas de computador foi considerado serviço de qualquer natureza pela Constituição Federal. Entretanto, não parece possível pretender, a partir dessas decisões, firmar uma caracterização, geral e genérica, do licenciamento de programas de computar como prestação de serviços, o que geraria efeitos sistêmicos complexos e imprevisíveis, impulsionando novas discussões e controvérsias que provavelmente exigirão anos até serem pacificadas.

A cessão de direitos é prevista como categoria autônoma para fins tributários na esfera federal, como se pode observar na legislação de preços de transferência (bens, direitos e serviços), do Imposto de Renda Retido na Fonte, da Contribuição de Intervenção no Domínio Econômico instituída pela Lei nº 10.168/2000 etc., não se misturando, seja com os serviços, seja com as mercadorias.

De outro lado, as materialidades constitucionais para a tributação do consumo só previram serviços e mercadorias enquanto fatos tributáveis, tornando a cessão de direitos uma espécie imprópria e quase anômala, de difícil enquadramento, seja ela em forma de locação, de cessão de direito de uso, de licenciamento, de permissão de acesso a intangíveis, etc.

No âmbito da tributação do consumo, somente a criação de uma ficção de equiparação dessas atividades econômicas a serviços, mediante uma interpretação, que se aproxima perigosamente da analogia, da expressão "serviços de qualquer natureza", como uma forma de se tentar resolver conflitos de competência entre o ISS e o ICMS, e evitar um vácuo arrecadatório.

Porém, se esta opção já é questionável no âmbito da materialidade constitucional do ISS, não se pode, inadvertidamente, extrapolar os resultados deste campo para além de suas fronteiras, e daí se extrair um suposto conceito constitucional de serviço aplicável às diversas áreas da tributação, notadamente na esfera federal, onde as incidências sobre direitos possuem arcabouço legal próprio e autônomo, sendo, portanto, desnecessária a ampliação do conceito de serviço para se atingir a cessão de direitos e atividades afins com o objetivo de superar eventual hiato normativo.

Diante do exposto, enquanto caminhamos para o fim de uma das mais longas controvérsias do Direito Tributário brasileiro, é muito importante que, ao decidir a matéria, o STF circunscreva sua decisão ao campo do ICMS e do ISS, sob pena de testemunharmos o fim de um litígio e, quem sabe, o nascimento de algumas novas controvérsias.

14. A EXPANSÃO DO DIREITO PENAL E OS PLANEJAMENTOS FISCAIS ILEGÍTIMOS (2021)

A expansão do Direito Penal é um fenômeno observado há décadas. Embora seja uma expressão aberta, normalmente com a mesma se quer referir à utilização da criminalização como instrumento de direção do comportamento social, não raro em situações onde não se identifica um bem jurídico protegido, ao menos não em sua feição de limitação da intervenção penal.

O desenvolvimento da sociedade, com o surgimento cada vez mais acelerado de interesses coletivos e difusos, pressiona o legislador a se valer do Direito Penal como resposta às infrações, assumindo que a criminalização seria a maneira mais eficaz de induzir comportamentos socialmente desejáveis e repelir os indesejáveis. Este fenômeno é identificado de forma mais evidente em áreas onde a opinião pública e a pressão da sociedade organizada – atualmente exercidas de forma descentralizada e às vezes robotizada pelas redes sociais – se fazem presentes.

Nesse contexto, a criminalização de condutas é muitas vezes utilizada não porque a mesma seria a última fronteira da proteção de bens jurídicos relevantes no âmbito das relações sociais, como se espera do Direito Penal, mas sim pela ineficiência de outros "ramos" do Direito em evitar que os deveres jurídicos lá estabelecidos sejam infringidos; ou pela sua força simbólica e a necessidade de se criar uma aparência de segurança em uma sociedade marcada pelo medo e a desconfiança.

Esta utilização da legislação penal, não resulta, necessariamente, na sua efetiva aplicação, podendo-se argumentar que em alguns campos se persegue mais a sua utilização indutora do que a efetiva persecução criminal e encarceramento daqueles que realizam as práticas consideradas delituosas, como se percebe, por exemplo, no âmbito do Direito Penal Tributário.

Embora a expansão do Direito Penal possa se materializar pela atuação legislativa e a proliferação de tipos penais, não é apenas por meio da edição de leis que aquela se verifica. Em campos como o Direito Tributário, por exemplo, onde a primeira manifestação quanto à existência de um crime – mesmo que não condicionante da atuação do Ministério Público – cabe muitas vezes à autoridade fiscal, notadamente na esfera federal, a expansão do Direito penal pode se verificar sem que haja qualquer ato por parte do legislador, apenas pela manipulação de seu poder simbólico pela fiscalização.

Talvez seja possível fazer uma relação entre o crescimento da utilização da ameaça da pena como instrumento de indução do comportamento do contribuinte e o avanço do reconhecimento de que o pagamento de tributos é um dever constitucional de cidadania, como defendemos. Conforme se deixam para trás as posições teóricas que pregam que os tributos seriam uma restrição quase indevida ao direito de propriedade, abre-se espaço para a defesa de posições diametralmente opostas, segundo as quais qualquer mecanismo de arrecadação se legitimaria pelo fim último de garantir o pagamento do tributo devido.

Nada obstante, ambas posições polarizadas nos parecem equivocadas.

Temos convicção de que o dever tributário tem estatura constitucional, e que o ordenamento jurídico deve buscar assegurar o seu cumprimento. Nada obstante, como vimos destacando, a tributação é bipolar, ambivalente. O tributo, como nos ensinava o saudoso professor da Uerj Ricardo Lobo Torres, é a garantia da liberdade e, ao mesmo tempo, tem em si a potência para a sua aniquilação.

Não é por outra razão que é no equilíbrio entre os valores liberdade e solidariedade, entre a proteção contra a exação indevida e o dever de pagar o tributo estabelecido em atenção às balizas constitucionais, que se devem situar os debates sobre tributação.

Obviamente, nada nessas breves considerações pode ser interpretado como uma negação da existência de crimes tributários, de infrações praticadas por sujeitos passivos que firam de tal forma o poder/dever arrecadatório do Estado, exercido em prol da sociedade, que mereçam uma reação mais grave do ordenamento jurídico.

Com efeito, o que pretendemos deixar evidenciado acima foi que não é legítimo distorcer o reconhecimento de que o dever tributário tem estatura constitucional, passando a entender o mesmo como uma regra geral de legitimação de qualquer atuação do Estado contra o contribuinte.

Provavelmente a área onde a expansão do Direito Penal sobre a tributação se apresenta de maneira mais dramática é o controle do planejamento tributário.

Sabe-se que as últimas décadas testemunharam uma mudança paradigmática de uma abordagem predominantemente formal do controle do planejamento tributário para um contexto onde, para além da exteriorização jurídica, busca-se verificar a congruência entre o ato jurídico formalizado e aquele efetivamente praticado pelo contribuinte.

Tenho insistido, em escritos, aulas e palestras, que um planejamento tributário ilícito é uma contradição de termos. Um planejamento tributário pode ser legítimo ou ilegítimo, mas jamais ilegal. A prática de um ato ilícito pelo contribuinte configura uma evasão fiscal, mas jamais um planejamento tributário.

Este é um aspecto importante. As considerações apresentadas neste texto têm como premissa este ponto de partida a respeito dos planejamentos tributários ilegítimos, ou elusivos, que vimos adotando. Autores que trabalham a partir de uma premissa binária evasão/elisão, ilícito/lícito, podem chegar a conclusões distintas.

De outra parte, venho afirmando que a intenção de não pagar, reduzir ou postergar o dever tributário deve ser irrelevante para o fim de verificar se um planejamento tributário é legítimo ou ilegítimo. Todo planejamento tributário tem como fim não pagar, reduzir ou postergar o dever tributário, de modo que não é a intenção o critério distintivo de cada uma dessas figuras.

Então, o que separa a evasão fiscal, do planejamento fiscal ilegítimo e do planejamento fiscal legítimo? Certamente não é a motivação ou a finalidade, mas os meios utilizados. Na evasão fiscal o sujeito passivo se vale de meios ilegais; no planejamento fiscal ilegítimo o sujeito passivo utiliza meios legais, embora haja uma incongruência objetiva entre os mesmos e os atos efetivamente praticados; e no planejamento fiscal legítimo os atos realizados são lícitos e sua forma jurídica é congruente com o fato concreto.

Acreditamos que, desses três grupos, apenas os atos evasivos podem gerar reflexos na esfera criminal. Afinal, não se pune o não recolhimento do tributo em sim, mas a utilização de meios fraudulentos ou da sonegação para se alcançar tal fim.

Os planejamentos tributários ilegítimos, passíveis de desconsideração pelas autoridades fiscais, não são implementados por meio da prática de atos fraudulentos ou de sonegação. Pelo contrário, o que temos são atos lícitos, no mais das vezes sem evidências concretas de ilegitimidade à época de sua prática.

Este é um aspecto relevantíssimo, que temos ressaltado de forma reiterada: a revisão de atos caracterizados como planejamento tributário não pode se descasar de seu contexto. Afinal, a caracterização do dolo requer uma conduta intencional e consciente. Logo, a prática das autoridades fiscais, a jurisprudência administrativa e a posição dos tribunais, à época em que os atos foram praticados, se não impede a possibilidade de cobrança do tributo eventualmente devido, certamente afasta para além da dúvida a caracterização do ato como evasivo. Esta premissa vale tanto para a atuação da fiscalização quanto para aquela dos órgãos de revisão administrativa e do Poder Judiciário.

Note-se que não estamos entrando aqui nos debates sobre a aplicação, ou não, da Lei de Introdução às Normas do Direito Brasileiro na revisão de atos praticados pelos contribuintes. O que estamos afirmando categoricamente é que em um contexto onde não se poderia razoavelmente antever a antijuridicidade de uma conduta não se pode caracterizar a mesma como praticada de forma dolosa, com intuito de sonegar ou fraudar a tributação.

A expansão criminalizante, que tomou conta do Brasil nos últimos anos em diversas áreas, e se reflete também no campo tributário, além de criar custos para as empresas e lhes gerar danos de imagem, é parte de um cenário que deteriora as relações entre a Fazenda e os contribuintes.

Com efeito, a utilização simbólica do Direito Penal, em situações onde o contribuinte não agiu com dolo para cometer um ilícito penal tributário, operando sob a premissa – confirmada pelo contexto da época – de que estava amparado pela legislação, gera um ambiente persecutório e punitivista, que impede o desenvolvimento de uma ambiente de confiança no relacionamento dos cidadãos com o Estado, reforçando o imaginário daqueles que vêm nas autoridades fiscais agentes sempre dispostos a exercer seus poderem além dos limites legais. É difícil estabelecer confiança quando se acusa rotineiramente o contribuinte de ser não só um devedor, mas um criminoso.

Não se pode deixar de reconhecer, contudo, que a expansão do Direito Penal sobre a tributação não decorre apenas de comportamentos da administração fazendária, encontrando eco em manifestações do próprio Supremo Tribunal Federal, sendo o melhor exemplo desta tendência a decisão proferida no Recurso Ordinário em *Habeas Corpus* nº 163.334/SC, onde se decidiu que o não pagamento de ICMS pode consumar o crime previsto no inciso II do artigo 2º da Lei nº 8.137/1990. É a falência dos processos de cobrança do crédito tributário justificando o recurso à criminalização como instrumento de coação, em típico movimento de expansão criminalizante.

A semana que passou testemunhou o lançamento de um novo e ambicioso projeto da Receita Federal, o Programa de Conformidade Cooperativa Fiscal (Confia). Esta iniciativa se soma a outras que vêm sendo adotadas pela própria Receita e por outros órgãos, federais, estaduais e municipais. Movimentos como este são louváveis e só podemos torcer para que deem bons frutos. Entretanto, não podemos deixar de pensar que há ações simples, que não requerem grandes investimentos e que podem mostrar uma mudança de orientação por parte das autoridades fiscais. Não taxar os contribuintes de criminosos com tamanha facilidade como temos verificado é uma delas. Ou há um problema na forma como o Poder Público vem interpretando e aplicando a legislação tributária, com reflexos penais, ou vivemos em um verdadeiro faroeste fiscal, cercados de contribuintes criminosos de todos os lados. Tendo a acreditar que seja a primeira opção.

15. INSTABILIDADE INSTITUCIONAL E REFORMA TRIBUTÁRIA (2021)

O grande sucesso do cinema no ano de 1997 foi o filme Titanic, ainda hoje uma das maiores bilheterias da história. Uma das cenas mais marcantes do filme – e que, infelizmente, tem uma assustadora semelhança com a nossa realidade atual – é o momento em que, com o gigantesco navio já afundando, as pessoas em desespero, a confusão generalizada instaurada, os músicos decidem seguir tocando no convés.

Podemos cogitar de pelo menos quatro estados mentais por trás da atitude dos músicos naquela situação trágica. É possível que, diante do fim inevitável, tenham buscado na música alguma paz enquanto estavam próximos de encerrar sua peregrinação terrestre. É igualmente possível imaginar que, em verdade, ao notarem toda a movimentação dos passageiros, tenham adotado a negação como conforto, pensando que logo todos perceberiam que o navio não estava afundando e os rodeariam para ouvir música. Outra possibilidade é que os músicos tenham abraçado o egoísmo indiferente, pensando que "não importa o que vai acontecer, quero tocar minha música". Por fim, não podemos desconsiderar a possibilidade de que a falta de tirocínio tenha feito com que um grupo simplesmente torcesse para que o navio afundasse de vez.

O triste paralelo com nossos dias atuais é evidente. Praticamente desde o início do atual governo ficou claro que seriam quatro anos de teste para as instituições da República. As manifestações mais recentes de ameaça às eleições certamente não são surpresa para o observador minimamente atento.

Neste cenário desolador, boa parte da sociedade brasileira se comporta como os músicos no convés do Titanic. Inertes, calados, tocando a própria vida, por vezes se satisfazendo com notas de repúdio, posts e tweets, os quais devem ser colecionados como medalhas por um grupo político que não se incomoda em dizer abertamente que pode, a qualquer momento, jogar fora das linhas demarcadas pela Constituição Federal.

Talvez alguns pensem que o navio já afundou, e que o melhor que podem fazer é seguir com as próprias vidas. Em sentido oposto, é possível que muitos acreditem perigosamente que, de fato, a crise não é tão grave, que é tudo histeria de alguns, que é melhor seguir tocando seu violino e esperar o navio chegar ao seu porto seguro. Deve haver, ainda, a terceira categoria, daqueles que cultivam o egoísmo desinteressado, para quem qualquer regime é bom desde que lhes seja mais benéfico e vantajoso. Infelizmente, há também um pequeno grupo que parece torcer pelo naufrágio do Brasil enquanto Estado Democrático de Direito.

Fala-se, "não há com o que se preocupar, as instituições estão funcionando". Estão mesmo? Algumas instituições estão resistindo, estão sobrevivendo, elas não estão funcionando normalmente. Por exemplo, não é usual nem normal que a Suprema Corte tenha que se ocupar da defesa da democracia no campo político, como lhe tem sido exigido.

O leitor e a leitora que chegaram até aqui podem perguntar: "mas o que isso tem a ver com reforma tributária?" Tudo.

Foi nesse ambiente conflagrado, quando passamos por uma das maiores crises institucionais da história brasileira recente – juntamente com a maior crise sanitária em um século –, que se decidiu que seria uma boa ideia implementar a maior mudança estrutural na legislação do Imposto de Renda em décadas. E mais, não satisfeito e movido por sabe-se lá qual interesse, o governo, escorado no recente engajamento da Câmara dos Deputados, resolveu que a proposta teria que ser aprovada de modo urgente, em questão de semanas, com limitado debate com a sociedade, ignorando-se, em larga medida, a Lei de Responsabilidade Fiscal, em um modelo de minutas apócrifas que não tenho memória de já ter testemunhado.

Ninguém pode negar a necessidade de uma reforma do sistema tributário nacional, o qual foi desenhado considerando a realidade da economia industrial da segunda metade do século XX e hoje se mostra ineficiente, excessivamente complexo, por vezes – não sempre – desnecessariamente desconectado de padrões internacionais, acentuadamente injusto na distribuição da carga tributária, anti-isonômico, etc.

Contudo, reforma tributária não é um fim em si mesmo. Não há sentido em se fazer reforma pela reforma, somente para se autointitular reformista. Uma modificação estrutural do Imposto de Renda, que pode e deve ser debatida, não tem razão de ser implementada como urgência de última hora. Vimos desde 2019 estudando a reforma da tributação do consumo e ainda estamos aparando as arestas para chegar a um modelo adequado, isso depois de quase três anos de discussões muito intensas, envolvendo a academia, os diversos setores econômicos e especialistas em tributação de várias áreas (econômica, jurídica, contábil, etc.).

Agora, em um caminho diametralmente oposto, decidiu-se alterar a legislação do Imposto de Renda. Não estamos falando em modificações pontuais, mas de uma guinada em cento e oitenta graus na integração entre o Imposto de Renda das Pessoas Físicas e o Imposto de Renda das Pessoas Jurídicas. Nada obstante, não se quer debater, não se quer ouvir, tenta-se atropelar as resistências e oposições, que são muitas e relevantes. De uma minuta para outra, muda-se a proposta de forma acentuada, sem se reconhecer que essas alterações radicais são confissões da intempestividade, da falta de coerência, do atropelo, além da inobservância – que vai se tornando costumeira – das regras que impõem a responsabilidade fiscal.

O modelo de debate instaurado nas últimas semanas não tem nada de republicano. Em nenhum momento se abriu uma discussão transparente com a sociedade, optando-se pelas conversas nos gabinetes em Brasília com os poucos eleitos cuja voz se faz ouvir. Parece haver um esquecimento absoluto de que os tributos não são um interesse deste ou daquele contribuinte apenas. Tributação é um interesse de toda a sociedade.

Ademais, em paralelo ao debate sobre as alterações no Imposto de Renda seguem vivas e avançando as mudanças que se pretendem implementar na tributação do consumo. São temas que simplesmente não podem ser considerados de modo absolutamente independente, uma vez que o efeito sobre a tributação do setor empresarial seria conjunto, não isolado.

Note-se que o nosso repúdio é à falta de devido processo legislativo e debate transparente da proposta com a sociedade, não aos temas veiculados na proposta em si. Não acredito em tópicos proscritos em matéria de reforma tributária. É importante debatermos a tributação de dividendos e novos modelos de integração entre o Imposto de Renda das Pessoas Físicas e o das Pessoas Jurídicas. Talvez a transparência fiscal de certas entidades e a tributação de sócios e acionistas pela tabela progressiva faça até mais sentido do que modelos como o proposto.

Da mesma forma, há outras questões relevantes que foram trazidas pelo projeto de lei original, como a tributação automática de lucros auferidos por controladas de pessoas físicas situadas em país com tributação favorecida ou sob regime fiscal privilegiado e a tributação da venda indireta de ativos localizados no Brasil. Não se tratam de invenções brasileiras. São regras presentes em outros países e que faz todo sentido considerarmos.

O que se pode concluir neste breve texto é que o debate sobre as alterações do Imposto de Renda não está maduro. A aprovação apressada do projeto de lei original ou de qualquer dos substitutivos seria um dos maiores desserviços do Congresso Nacional em matéria tributária no passado recente. Não só da perspectiva dos contribuintes, mas também do próprio Estado, cuja segurança orçamentária é interesse de todos. Os próprios efeitos intrafederativos da proposta não estão claros, com Estados e Municípios se posicionando contra ela.

Não é possível debater o retrocesso do voto impresso e reforma do Imposto de Renda na mesma semana. Voltemos nossas atenções para o que mais importa: a manutenção do Estado Democrático de Direito. Enquanto buscamos nos assegurar de que teremos o direito de votar e que nossa decisão nas urnas será respeitada em 2022, temos tempo para trabalhar no melhor modelo possível de reforma tributária.

Saber esperar é uma virtude. É importante entendermos que talvez a janela de oportunidade para uma reforma tributária neste governo tenha passado. O processo eleitoral já se iniciou e só vai se acentuar daqui para o fim deste ano, potencialmente trazendo novas crises institucionais. A mudança na tributação da renda acabou sendo capturada perigosamente pela questão eleitoral. O ideal é que se parem quaisquer movimentos concretos de reforma tributária. Se conseguirmos iniciar 2023 com um consenso sobre o modelo ideal já terá sido um grande avanço.

16. O AUMENTO DO IOF É INCONSTITUCIONAL?

A publicação do Decreto nº 10.797/2021 reacendeu acaloradas polêmicas sobre o Imposto sobre Operações de Crédito, Câmbio e Seguro, ou relativas a Títulos ou Valores Mobiliários – IOF, como amplamente divulgado pela mídia e debatido por especialistas na última semana. Tendo acompanhado de perto alguns desses comentários, parece-nos que há espaço para algumas ponderações sobre o perfil constitucional do IOF e a possibilidade de sua alteração por decreto presidencial, tema a que dedicaremos este breve artigo.

Vamos começar analisando uma das mais repetidas afirmações sobre o IOF, a de que este imposto não poderia ter finalidade exclusivamente arrecadatória.

IMPOSTO QUE NÃO PODE ARRECADAR É CONTRADIÇÃO DE TERMOS

O primeiro argumento para se sustentar a inconstitucionalidade do Decreto nº 10.797/2021 é que o IOF seria um imposto predominantemente extrafiscal e, consequentemente, não poderia ser utilizado com finalidade exclusivamente arrecadatória.

Ora, não há nenhum dispositivo na Constituição Federal que estabeleça restrições ao uso de impostos, quaisquer que sejam, para fins de arrecadar. Inclusive, se há uma ontologia dos impostos é que são instrumentos para arrecadação de recursos necessários para o financiamento dos gastos públicos. Sim, todos os tributos podem, em medida maior ou menor, ser utilizados para induzir ou desincentivar comportamentos sociais, econômicos, etc. Contudo, jamais perdem a sua vocação arrecadatória.

Isso é ainda mais verdadeiro quando se consideram os impostos dentre o gênero tributos, pautados que são pela capacidade contributiva objetiva e cuja característica principal é o financiamento de gastos gerais e indivisíveis incorridos pelos entes federativos.

Portanto, é simplesmente equivocado argumentar que o aludido decreto seria inconstitucional por se ter lançado mão do IOF com aparente finalidade exclusivamente arrecadatória, como já defendemos em outra oportunidade (*Fundamentos do Direito Tributário Brasileiro*. Belo Horizonte: Letramento, 2020. p. 97-105).

Há uma variação deste argumento que requer uma análise mais detida. Sustenta-se não que o IOF não poderia ser utilizado com finalidade exclusivamente arrecadatória, mas que, sendo este o caso, ele não poderia ser modificado por decreto, tendo, ainda, que observar a regra da anterioridade, já que a legalidade e a anterioridade somente seriam excepcionadas caso este imposto fosse utilizado com finalidade prioritariamente extrafiscal. Vejamos.

A CONSTITUIÇÃO FEDERAL NÃO ESTABELECEU OS FINS DO IOF

A competência da União Federal para a instituição do IOF está prevista no inciso V do artigo 153 da Constituição Federal, sendo que o § 1º deste artigo estabelece que "é facultado ao Poder Executivo, atendidas as condições e os limites estabelecidos em lei, alterar as alíquotas dos impostos enumerados nos incisos I, II, IV e V". A seu turno, o § 1º do artigo 150 da Constituição determina que o IOF não está sujeito às regras de anterioridade previstas nos artigos 150, III, "b" e "c".

Este § 1º do artigo 150 tem uma redação simples e objetiva, estabelecendo que "a vedação do inciso III, b, não se aplica aos tributos previstos nos arts. 148, I, 153, I, II, IV e V; e 154, II; e a vedação do inciso III, c, não se aplica aos tributos previstos nos arts. 148, I, 153, I, II, III e V; e 154, II, nem à fixação da base de cálculo dos impostos previstos nos arts. 155, III, e 156, I".

Não é necessário grande esforço interpretativo para concluirmos que não há, nos artigos 150 e 153 da Constituição Federal – como de resto em qualquer outra passagem do texto constitucional –, regra sobre que fins devem ser perseguidos para que seja legítima a majoração do IOF por ato do Poder Executivo, sem atenção às regras de anterioridade e da legalidade.

O § 1º do artigo 150 da Constituição Federal é objetivo ao estabelecer que as regras de anterioridade – nonagesimal e do exercício financeiro – não se aplicam ao IOF. De outra parte, o § 1º do artigo 153 previu a existência de condições e limites para a alteração do IOF por ato do Executivo. Entretanto, **delegou ao legislador infraconstitucional** a competência para estabelecê-las, ao prever que o Poder Executivo, ao majorar o IOF, deve observar as condições e os limites **previstos em lei**.

Logo, não nos parece que a própria Constituição Federal tenha previsto este ou aquele objetivo para que o IOF seja majorado por decreto. O que a Constituição Federal fez foi delegar ao legislador infraconstitucional a competência para estabelecer tais condições e limites.

Portanto, também por este argumento não vislumbramos inconstitucionalidade na majoração do IOF, por decreto, mesmo que a sua finalidade seja exclusivamente arrecadatória.

Surge, então, uma terceira questão: uma vez que a Constituição Federal prevê que cabe ao legislador infraconstitucional estabelecer tais condições e limites para o aumento da alíquota do IOF sem lei, seria o Decreto nº 10.797/2021 ilegal?

SOBRE A ILEGALIDADE DO DECRETO Nº 10.797/2021

O Código Tributário Nacional ("CTN"), ao tratar do IOF, estabelece, em seu artigo 65, que "o Poder Executivo pode, nas condições e nos limites estabelecidos em lei, alterar as alíquotas ou as bases de cálculo do imposto, a fim de ajustá-lo aos objetivos da **política monetária**". (Destaque nosso)

Por sua vez, o artigo 1º da Lei nº 8.894/1994 estabelece as alíquotas máximas do IOF. Segundo o § 2º deste artigo, "o Poder Executivo, obedecidos os limites máximos fixados neste artigo, poderá alterar as alíquotas **tendo em vista os objetivos das políticas monetária e fiscal**". (Destaque nosso)

Uma primeira questão que surge é: seria o § 2º do artigo 1º da Lei nº 8.894/1994 compatível com o CTN, ao estabelecer os objetivos da "política fiscal" como fundamento para a alteração da alíquota do IOF? Parece-nos haver bons argumentos para sustentar que o legislador ordinário estaria, neste caso, pautado pelo critério estabelecido no CTN e, consequentemente, a "política monetária" seria o único critério legitimador da alteração do IOF neste caso.

Nota-se que a redação deste § 2º é certamente vaga e imprecisa. Se "política monetária" é um conceito mais restrito, por estar relacionado a ações relativas à moeda e a sua circulação, podendo ser buscado na Lei nº 4.595/1964, que "dispõe sobre a Política e as Instituições Monetárias, Bancárias e Creditícias, Cria o Conselho Monetário Nacional e dá outras providências", a expressão "política fiscal" é demasiado ampla.

Seria possível argumentar que a "política fiscal" brasileira seria encontrada nas leis orçamentárias, especialmente no plano plurianual e na lei de diretrizes orçamentárias. Contudo, esta interpretação abriria espaço para uma utilização ampla do IOF, sem respeito à legalidade e à anterioridade, para custear qualquer despesa pública prevista nas leis orçamentárias.

Uma outra possibilidade é que se interprete "política fiscal" no sentido de utilização extrafiscal do tributo. Nessa linha de ideias, seria o seu manejo extrafiscal que legitimaria a dispensa de lei e da anterioridade para a elevação da alíquota do IOF. Esta interpretação é certamente mais alinhada com os princípios e balizas do Sistema Tributário Nacional.

A consequência do que vimos até aqui é que a utilização de um decreto, sem respeito à anterioridade, para majoração do IOF, com finalidades meramente arrecadatórias, não parece encontrar fundamento no artigo 65 do CTN e no § 2º do artigo 1º da Lei nº 8.894/1994, havendo bons argumentos para se argumentar pela sua ilegalidade.

Se esta conclusão está correta, teríamos aqui uma **inconstitucionalidade meramente reflexa**. Não se trata de violação direta ao texto constitucional, mas sim de ilegalidade, de não observância de norma infraconstitucional e não de violação da Constituição Federal.

SE HÁ INCONSTITUCIONALIDADE É POR FALTA DE MOTIVAÇÃO

Ao analisarmos este tema em livro publicado em 2020, defendemos que o exercício da autorização constitucional para alteração do IOF por decreto **deveria sempre ser motivado** (*Fundamentos do Direito Tributário Brasileiro*. Belo Horizonte: Letramento, 2020. p. 101-102). Afinal, é impossível saber se o decreto concreto está ou não alinhado às políticas monetária e/ou fiscal sem saber quais foram seus motivos.

Se há uma inconstitucionalidade no Decreto nº 10.797/2021, não é ter finalidade meramente arrecadatória, não é ter ignorado a legalidade e a anterioridade mesmo sem ter finalidade extrafiscal identificável, mas sim falta de motivação deste ato administrativo normativo, que simplesmente impede que se verifique se as condições e limites previstos no artigo 65 do CTN e no § 2º do artigo 1º da Lei nº 8.894/1994 foram observados.

Este, segundo nos parece, é o único tema relacionado a este debate que remete à Constituição Federal. No mais, teríamos uma discussão sobre (i)legalidade. É importante que os Tribunais sejam provocados para que possamos avançar nessa discussão. Surpreende que, com mais de três décadas de vigência da Constituição de 1988, não tenhamos balizas claras para que o Poder Executivo possa exercer as competências que lhe foram delegadas no âmbito do IOF, do Imposto sobre Produtos Industrializados, do Imposto de Importação e do Imposto de Exportação. Contudo, a questão deve ser levada ao Poder Judiciário de forma apropriada. Nem tudo é questão constitucional.

17. LUCROS DE CONTROLADAS NO EXTERIOR, TRATADOS INTERNACIONAIS E SEU DEBATE ATUAL NO CARF (2022)

Texto escrito em coautoria com Thais De Laurentiis

Desde 1995, quando foi editada a Lei nº 9.249 ("Lei 9.249"), as regras de tributação de lucros auferidos por controladas e coligadas de empresas brasileiras no exterior geram controvérsias.[37] Essa lei introduziu um modelo de tributação automática, em 31 de dezembro de cada ano, de tais resultados, que seriam adicionados na base de cálculo do Imposto de Renda das Pessoas Jurídicas ("IRPJ") e da Contribuição Social sobre o Lucro Líquido ("CSLL") independentemente de um ato de disponibilização efetiva de tais valores.

Após um pequeno hiato, quando vigeram a Instrução Normativa nº 38/1996 e o artigo 1º da Lei nº 9.532/1997, esse sistema de tributação automática passou a ser aplicado de forma contínua com a edição de medidas provisórias nesse sentido, que, por fim, cristalizaram-se no artigo 74 da Medida Provisória nº 2.158-35/2001 ("MP 2.158").

Embora tenha passado por modificações relevantes, atualmente o modelo brasileiro de Tributação em Bases Universais segue inaltera-

---

[37] Uma vez que atualmente os lucros auferidos por controladas e coligadas no exterior estão submetidos a regimes distintos de tributação, neste artigo trataremos apenas dos lucros de controladas não residentes.

do em seu núcleo: lucros auferidos por controladas de empresas brasileiras no exterior devem ser adicionados na apuração do IRPJ e da CSLL, em 31 de dezembro de cada ano.[38] Os dispositivos que regulam esta sistemática de tributação encontram-se previstos na Lei nº 12.973/2014 e na Instrução Normativa nº 1.520/2014, os quais foram estudados extensamente em recente obra do coautor deste artigo, intitulada *Tributação de Lucros Auferidos por Controladas e Coligadas no Exterior*, publicada em sua terceira edição pela editora Quartier Latin.

Entre as controvérsias atinentes a tais regras, uma das mais antigas, e relevantes, refere-se a sua relação com as convenções para evitar a dupla tributação da renda celebradas pelo Brasil. Esse tema, especificamente no que concerne ao seu atual estágio nas decisões no Conselho Administrativo de Recursos Fiscais (CARF), será o objeto deste artigo.[39]

Desde o início dos debates jurídicos sobre a matéria, desenvolveram-se alguns argumentos para sustentar que a tributação de lucros auferidos por entidades no exterior não teria lugar quando tal entidade não residente fosse domiciliada em país que assinou tratado tributário com o Brasil.

Considerando o cenário contemporâneo do estudo da matéria, podemos identificar quatro situações principais onde a questão se apresenta:[40]

- o argumento de que a tributação de lucros auferidos por controladas no exterior seria afastada pelo artigo 7 (1) dos tratados brasileiros, o qual cuida do tratamento tributário dos "Lucros das Empresas";
- o argumento de que a tributação de lucros auferidos por controladas no exterior seria afastada no caso de acordos que incluem regras de isenção de dividendos distribuídos, como é o caso, por exemplo, dos tratados celebrados com a Espanha e a Áustria;
- o argumento de que a tributação de lucros auferidos por controladas no exterior seria afastada quando a convenção tem regra específica proibindo a tributação de lucros não distribuídos,

---

[38] Ver: ROCHA, Sergio André. *Tributação de Lucros Auferidos por Controladas e Coligadas no Exterior*. 3 ed. São Paulo: Quartier Latin, 2022. p. 171.

[39] Para uma análise detalhada da evolução deste debate nas decisões do CARF, ver: Ibidem. p. 115-133.

[40] Ibidem. p. 73-99.

- como se passa com os acordos assinados com a Eslováquia e a República Tcheca; e
- o reconhecimento de que a tributação seria possível na hipótese de o tratado ter dispositivo específico autorizando a tributação de lucros não distribuídos, como é o caso da convenção celebrada com o México, por exemplo.

Nos comentários adiante, analisaremos, especificamente, o primeiro argumento – referente ao artigo 7 (1) dos acordos brasileiros – e como ele vem sendo abordado em precedentes do CARF.

Em decisões proferidas até 2020, a Primeira Turma da Câmara Superior de Recursos Fiscais (CSRF) havia pacificado o entendimento no sentido de que o artigo 7(1) dos tratados brasileiros e as regras de isenção de dividendos não teriam o condão de bloquear a tributação de lucros não disponibilizados de controladas no exterior, então prevista no artigo 25 da Lei 9.249 e no artigo 74 da MP 2.158, que são o foco da jurisprudência comentada neste texto.

O argumento central acolhido pelo CARF nessas decisões foi no sentido de que o regime de Tributação em Bases Universais brasileiro não alcançaria os lucros da entidade estrangeira, mas sim seu reflexo na controladora residente no Brasil, de modo que não se estaria diante da tributação de lucros da entidade situada no exterior.

O Acórdão nº 9101-002.832, de 12 de maio de 2017, de relatoria do Conselheiro André Mendes de Moura, é paradigmático nesse sentido.

Nesse precedente prevaleceu a interpretação de que a materialidade sobre o qual incide a tributação, segundo o artigo 25 da Lei 9.249 e o artigo 74 da MP 2.158, são os lucros, e não os dividendos.[41] Assim, o termo "disponibilizado" da citada regra refere-se ao momento em que os lucros (em *quantum* proporcional à participação da controladora do Brasil sobre o investimento) consideram-se entregues aos sócios.

Para sustentar essa conclusão, foi estabelecido que, no caso do investimento situado no exterior, a legislação parte da premissa de que os lucros são da investidora brasileira e devem se subordinar, portanto, à política tributária aqui vigente. Dessa forma, sendo o lucro auferido por controlada não residente, caberia a sua adição na base de cálculo do IRPJ e da CSLL, proporcionalmente à participação da pessoa jurídica brasileira no investimento, ao final de cada ano calendário.

---

[41] Trata então da conceituação de dividendo enquanto uma das destinações dadas ao resultado empresarial.

Assim, o fato econômico tributável seria a variação patrimonial positiva identificada na controladora brasileira, correspondente aos lucros da controlada no exterior, sendo, portanto, a regra posta pelo artigo 25 da Lei 9.249, c/c o artigo 74 da MP 2.158, compatível com o artigo 7 (1) dos tratados tributários brasileiros.

Segue o relator do Acórdão nº 9101-002.832 afirmando que tal sistema tem como base o poder de decisão que a controladora teria sobre a investida, o que num cenário onde a controlada se encontra num país de tributação menor, poderia levar ao diferimento por tempo indeterminado da tributação dos lucros.[42] Esta interpretação foi reiterada pela CSRF em outras decisões.[43]

A decisão, assim, aplicou o entendimento exarado pela Receita Federal por meio da Solução de Consulta Interna COSIT nº 18, de 8 de agosto de 2013, segundo a qual o Artigo 7(1) das convenções internacionais brasileiras não visaria impedir o Estado de residência do controlador de tributar a renda obtida por intermédio de sua participação em sociedades domiciliadas no exterior. Não haveria, então, incompatibilidade entre a norma interna e o acordo internacional, incidindo a tributação sobre os lucros auferidos pela controladora brasileira. Esta mesma interpretação foi posteriormente defendida pela Receita Federal na Solução de Consulta Cosit nº 400/2017.[44]

Todavia, essa situação jurisprudencial começou a se alterar a partir do final de 2021, mais especificamente no Acórdão n. 9101-005.809, cujo resultado foi prolatado na sessão de julgamento de 6 de outubro de 2021. Essa decisão é representativa da mudança do entendimento que até então preponderava na Primeira Turma da CSRF.

É, de fato, digno de análise detalhada esse precedente, uma vez que nele constam todos os principais argumentos que por anos prevaleceram no CARF acerca da relação do artigo 25 da Lei 9.249 e do artigo 74 da MP 2.158 com os tratados internacionais tributários brasilei-

---

[42] O artigo 26 da Lei n. 9.249/95, ao criar o sistema de compensação dos recolhimentos feitos pela investida no exterior, corroboraria o ponto em questão, segundo o entendimento esposado pelo Acórdão nº 9101-002.832.

[43] Como exemplo de outro julgamento bastante importante a respeito do tema, tem-se o Acórdão 9101-002.332, de 04/05/2016, de relatoria do Conselheiro Luis Flávio Neto, sendo o voto vencedor da lavra do Conselheiro Marcos Valadão, o qual analisou os Artigos 7 e 10 do Tratado Brasil – Holanda.

[44] Ver: ROCHA, Sergio André. *Tributação de Lucros Auferidos por Controladas e Coligadas no Exterior*. 3 ed. São Paulo: Quartier Latin, 2022. p. 104-110.

ros (voto vencido, da Conselheira Edeli Bessa). Ao mesmo tempo, esse precedente apresenta as razões da virada de entendimento, o conhecido *overruling*, no voto vencedor escrito pelo Conselheiro Caio Quintella.

No caso concreto avaliado pelo Colegiado no Acórdão n. 9101-005.809, estava em jogo a Convenção Brasil-Argentina e os lucros auferidos pelo mesmo grupo empresarial que fora julgado no supramencionado Acórdão nº 9101-002.832, distinguindo-se a questão unicamente pelos anos-calendário em análise. Assim, o voto vencido tomou como razões de decidir aquelas adotadas no Acórdão nº 9101-002.832, resolvendo a lide com base na contraposição entre o artigo 74 da MP 2.185 e o artigo 7 (1) do tratado internacional.[45]

Ademais, o voto vencido destaca que artigo 74 da MP 2.158 se enquadra no conceito de legislação de tributação de lucros de controladas no exterior referida internacionalmente como "regras CFC" ("Controlled Foreign Companies"), consoante jurisprudência do próprio Colegiado. O papel das normas CFC foi um dos ganchos[46] da discussão travada entre os conselheiros integrantes da Primeira Turma da CSRF. Nas palavras do voto vencedor:

> "Ocorre que, a *norma CFC* brasileira é extremamente ampla e abrangente, sendo prevista pelo Legislador e aplicada pela Administração Tributária de maneira ordinária e totalmente indistinta, independentemente de terem sido elencadas em sua redação as hipóteses elisivas - ou *elusivas* - a serem *combatidas*, as quais justificariam a sua compatibilidade, excepcional, com as regras dos acordos e convenções, denotando, assim, uma maior aptidão arrecadatória (e não *antielisiva* ou, principalmente, como comumente adotada por outras jurisdições fiscais, *antiabusiva*)."

Argumentou-se, portanto, que em regra o regime de CFC tem como função a correção de abusos.[47] A ideia central seria evitar a utilização de sociedades interpostas em países de tributação favorecida, tendo como consequência a não ocorrência ou o de diferimento da tributação. Todavia, isso não ocorre no regime de CFC adotado pelo Brasil, uma vez que o artigo 25 da Lei 9.249, c/c o artigo 74 da MP 2.158, es-

---

[45] Afirma então que nem seriam relevantes as questões acerca da interpretação dos artigos 10 e 23 do tratado, mas o faz em *obter dictum*.

[46] Outro gancho importante na discussão foram os limites do julgamento pelo STF na ADI 2588, no RE 541090/SC e no RE 541090/SC.

[47] No caso concreto que estava sob julgamento não havia qualquer referência a atuação abusiva (planejamento tributário internacional ilícito, treaty shopping, etc.).

tabelecia um regime de transparência fiscal distinto, considerando os lucros apurados por qualquer controlada no exterior como auferidos diretamente pela controladora no Brasil. A questão, então, é se essa sistemática de tributação deveria ser aplicada diante do artigo 7 (1) do tratado celebrado entre Brasil e Argentina.

Sustenta o voto vencedor, com base no artigo 98 do CTN e na jurisprudência do STJ (Recurso Especial nº 1.325.709), a prevalência dos tratados internacionais sobre a legislação nacional, "o que atribui aos comandos dos Acordos e Convenções a natureza de norma de bloqueio em relação à legislação interna, quando esta não se harmoniza com tais disposições binacionais."

De tudo isso, percebe-se que voto vencido e voto vencedor do Acórdão n. 9101-005.809 concluem harmoniosamente que o artigo 74 da MP 2.158 se refere ao lucro, e não a dividendos (ficando prejudicada toda a discussão que havia sobre o dispositivo cuidar de dividendos fictícios). Também ambos concordam que o artigo 74 é norma CFC. Dessarte, tentando reduzir ao máximo a complexidade da questão, o ponto realmente é, como já aventado acima, *se o lucro tributável é da controlada no exterior ou da controladora brasileira*. Sendo da controlada no exterior, deve haver aplicação do artigo 7 (1) do tratado internacional, ficando vedada a tributação no Brasil. Sendo da controladora brasileira, não haveria lugar para a aplicação do artigo 7 (1) do tratado.

Sobre esse ponto, a Conselheira Livia Germano no Acórdão nº 9101-005.808 (julgado na mesma sentada do Acórdão n. 9101-005.809), esclarece que o artigo 74 da MP 2.158 literalmente dispôs que *os lucros auferidos por controlada ou coligada no exterior serão considerados disponibilizados para a controladora ou coligada no Brasil*. Desse modo, "a norma claramente pretendeu alcançar os lucros da empresa estrangeira, e não seu reflexo na controladora brasileira, que é o resultado de equivalência patrimonial." Mais adiante conclui que "sendo assim, a tributação não é possível quando existe acordo para evitar a dupla tributação firmado entre o Brasil e o país de residência da controlada ou coligada, tendo em vista o disposto no artigo 7º de tais tratados."

Nos acórdãos 9101-006.097 e 9101-006.102, ambos de 11 de maio de 2022, adicionou-se o argumento de que "o artigo 7º das Convenções para Evitar a Dupla Tributação firmadas pelo Brasil protege do imposto brasileiro os lucros das empresas sediadas no exterior, sendo relevante notar que seu escopo não é subjetivo (as empresas), mas objetivo (os lucros das empresas)."[48]

Nesse contexto, hoje a Primeira Turma da CSRF julga que a materialidade abrangida pela legislação brasileira de tributação universal, antes do advento da Lei 12.973/2014, consistia nos lucros de controladas no exterior. Em sendo assim, deve-se dar prevalência para a aplicação dos tratados internacionais, de forma a bloquear a incidência do artigo 25 da Lei 9.249 e do artigo 74 da MP 2.158, enquanto norma CFC com contornos específicos desenhados pela legislação brasileira. Embora essas decisões levem em consideração unicamente os já suplantados dispositivos legais, não parece haver razão para que o tema venha a ser tratado de forma distinta no cenário após a entrada em vigor da Lei nº 12.973/2014.[49] Afinal, embora a sistemática atual tenha características próprias, seu ponto de partida é o mesmo: a tributação automática dos lucros não disponibilizados auferidos por controladas no exterior.

---

[48] Nesse sentido, ver: ROCHA, Sergio André. *Tributação de Lucros Auferidos por Controladas e Coligadas no Exterior*. 3 ed. São Paulo: Quartier Latin, 2022. p. 175-176.

[49] Ibidem. p. 174-177.

18. A EXPANSÃO DO DIREITO TRIBUTÁRIO E A EXCEPCIONALIDADE DOS BENEFÍCIOS FISCAIS (2022)

Ano passado, nesta mesma coluna da Associação Brasileira de Direito Financeiro, publiquei o artigo "A Expansão do Direito Penal e os Planejamentos Fiscais Ilegítimos". Naquela oportunidade, explorei o fenômeno conhecido como "expansão do Direito Penal" que, em linhas gerais, reflete um desvio da utilização da repressão penal, com a criminalização sendo usada muitas vezes como primeira resposta do ordenamento jurídico a infrações que deveriam ser reprimidas por outros subsistemas de regulação, como o Direito Ambiental, o Direito Administrativo, o Direito do Trabalho, etc.

A expansão do Direito Penal é consequência da crença, ingênua ou mal intencionada, de que a criminalização é a solução para a maior eficácia do ordenamento jurídico.

Pode ser ingênua, pois não há nenhuma evidência empírica de que a criminalização, por si só, cause uma redução do cometimento de infrações e a almejada eficácia de outras regras jurídicas. Pode, alternativamente, ser mal intencionada, com a penalização sendo utilizada apenas simbolicamente, com vistas a criar uma percepção de eficácia, mesmo que descasada da realidade.

O mesmo fenômeno que se verificou em relação ao Direito Penal pode ser identificado atualmente em relação ao Direito Tributário, no campo dos benefícios e incentivos fiscais.

Venho segregando os benefícios tributários em **fiscais**, quando seu fundamento é a adequação da tributação aos princípios e valores constitucionais que informam o sistema tributário nacional; **extrafiscais**, quando o tributo está sendo utilizado para induzir comportamentos dos sujeitos passivos tributários; e **concorrenciais** quando a finalidade dos benefícios é a atração do contribuinte para o território de um país, estado ou município.

Os **benefícios de natureza fiscal**, por serem ajustes que têm como fim a aplicação concreta do princípio da isonomia, não geram maiores perplexidades. Regras que excluem rendas até determinado patamar da incidência do Imposto de Renda, por exemplo, são verdadeiros ajustes de capacidade contributiva. Eles realizam o princípio da isonomia, diferenciando as pessoas em função de sua capacidade econômica para entregar parcela de sua renda ao Estado. O mesmo acontece quando se reduz ou elimina a tributação sobre determinados bens e serviços com base no princípio da seletividade, isso para os tributos que o têm como princípio estruturante.

Os **benefícios extrafiscais e concorrenciais**, por sua vez, vivem em constante tensão com o princípio da isonomia. Afinal, em ambos os casos a diferenciação a favor do contribuinte beneficiado pela desoneração tributária não encontra fundamento no próprio sistema tributário nacional.

Em outras palavras, enquanto nos **benefícios de natureza fiscal** a diferenciação entre os contribuintes se baseia em um **critério intrínseco** ao próprio sistema tributário, nos benefícios tributários extrafiscais e concorrenciais a justificativa para o tratamento diferenciado será encontrada em algum **critério extrínseco** ao sistema tributário. Por esta razão, enquanto os benefícios de natureza fiscal não tensionam com o princípio da isonomia, antes o concretizam, os benefícios extrafiscais e concorrenciais criam diferenciações cuja legitimidade depende da existência de princípios e regras constitucionais que legitimem o tratamento anti-isonômico.

Considerando esses breves comentários, salta aos olhos a excepcionalidade substancial da concessão de desonerações tributárias extrafiscais e concorrenciais, as quais requerem um elevado ônus argumentativo para a sua justificação, já que invariavelmente geram uma quebra do princípio da isonomia.

Portanto, a concessão de benefícios extrafiscais e concorrenciais não pode ser arbitrária, sob pena de se converter na outorga de privilégios ou na criação de discriminações. Logo, a sua legitimidade está diretamente vinculada: (1) à existência de uma finalidade constitucional que justifique concessão do benefício; (2) à demonstração de que a vantagem fiscal é adequada e necessária para se concretizar tal finalidade constitucional; e à (3) transparência quanto à finalidade e aos meios fiscais utilizados.

Além desses requisitos substanciais, da perspectiva formal a criação de benefícios de natureza tributária está pautada pelo artigo 14 da Lei da Responsabilidade Fiscal e é, ano após ano, objeto de regramento na Lei de Diretrizes Orçamentárias que é, no mais das vezes, simplesmente ignorado pelo próprio Poder Legislativo e pelo Poder Executivo.

Por exemplo, segundo o artigo 136 da Lei de Diretrizes Orçamentárias para a elaboração do Lei Orçamentária Anual de 2022 (Lei nº 14.194/2021), "as proposições legislativas que concedam, renovem ou ampliem benefícios tributários deverão: I - conter cláusula de vigência de, no máximo, cinco anos; II - estar acompanhadas de metas e objetivos, preferencialmente quantitativos; e III - designar órgão gestor responsável pelo acompanhamento e pela avaliação do benefício tributário quanto à consecução das metas e dos objetivos estabelecidos". O § 1º deste artigo estabelece, ainda que "o órgão gestor definirá indicadores para acompanhamento das metas e dos objetivos estabelecidos no programa e dará publicidade a suas avaliações".

Estes requisitos para a concessão de benefícios tributários, embora bastante claros, são usualmente desconsiderados, gerando a proliferação de privilégios fiscais opacos, que ofendem os princípios da isonomia, da transparência e do equilíbrio orçamentário.

Com esses comentários, retornamos ao título deste artigo. A primeira questão que se apresenta é a estrita excepcionalidade das desonerações tributárias extrafiscais e concorrenciais – não daquelas que são ajustes intrínsecos de concretização de princípios de justiça.

Desonerações de fundo concorrencial, que usualmente se apresentam travestidas de benefícios extrafiscais, são as mais injustas, vez que muitas vezes vão na contramão da capacidade contributiva. No âmbito da tributação internacional, este tipo de benefício vem erodindo a progressividade do Imposto de Renda, com países reduzindo a carga tributária exatamente das pessoas com maior capacidade econômica.

Da mesma forma, as desonerações extrafiscais com objetivo indutor também têm enorme potencial de violação do princípio da isonomia. Como apontamos, o seu ponto de partida é criar uma diferenciação tributária para atingir um objetivo alheio ao campo da fiscalidade.

No caso de uma indução positiva, baseada na concessão de um benefício, pode-se criar um privilégio fiscal. Na hipótese de uma indução negativa, decorrente da previsão de um tratamento fiscal mais gravoso, pode-se estabelecer discriminação anti-isonômica.

Além da tensão constante dos benefícios extrafiscais e concorrenciais com o princípio da isonomia, a sua multiplicação acentua a tão falada complexidade do sistema tributário. Por um lado, tais benefícios transformam a legislação em um conjunto às vezes ininteligível de exceções. De outro, eles estimulam o planejamento tributário e a busca daqueles excluídos das regras mais vantajosas por mecanismos para se enquadrarem nas mesmas.

Idealmente, os benefícios tributários extrafiscais deveriam se restringir àqueles que maximizam a dignidade da pessoa humana, de modo que a sua justificativa seja a realização de direitos humanos de todas as gerações. Afinal, objetivos extrafiscais de natureza econômica abrem as portas para o desvio de finalidade e podem ser substituídos de maneira mais eficiente por subvenções financeiras.

Com isso chegamos ao título deste texto. O que se percebe, cotidianamente, é uma espécie de expansão do Direito Tributário, buscando-se solucionar problemas decorrentes da ineficiência de outros sistemas de regulação jurídica mediante a utilização das regras tributárias.

Tento em conta nossos comentários anteriores, essas iniciativas devem ser analisadas com enorme cautela, levando em consideração o nosso infeliz histórico de captura de privilégios por categorias de contribuintes.

Nos últimos anos, temos vivido uma constante tensão entre o Poder Judiciário e os demais Poderes, a qual, há que se reconhecer, é em larga medida decorrência das omissões dos Poderes Executivo e Legislativo em se pautarem pela Constituição no desempenho de suas atribuições.

O tema dos benefícios tributários é um exemplo claro desse estado de coisas, O Executivo e o Legislativo, ao concederem tais benefícios, usualmente o fazem sem levar em conta os parâmetros constitucionais, os de responsabilidade fiscal e os critérios previstos na Lei de Diretrizes Orçamentárias – que são um requisito de legitimidade previsto no próprio artigo 14 da Lei de Responsabilidade Fiscal.

O que deveria, então, fazer o Poder Judiciário? Se omitir? Permitir que o sistema tributário nacional se transforme nesse mar de privilégios? Acredito que não. Sendo provocado, o Poder Judiciário deve reestabelecer a generalidade da tributação, demandando o respeito ao sistema estabelecido a partir da Constituição Federal para a renúncia de receitas.

Dessa forma, nossa posição é, em primeiro lugar, que devemos repensar essa expansão do Direito Tributário. A indução tributária deve ser excepcional, não uma primeira medida. Ela é anti-isonômica e cria distorções que corroem o sistema como um todo, devendo ser utilizada apenas quando outras medidas se mostraram ineficazes.

De outra parte, devemos cobrar o respeito ao sistema de controle das renúncias de receitas tributárias. Não é possível que a Lei de Diretrizes Orçamentárias seja ignorada. Temos que repensar a relação do artigo 14 da Lei de Responsabilidade Fiscal com a própria legitimidade da lei editada pelo Congresso Nacional que com ela esteja em desconformidade. O novo inciso IV do § 3º do artigo 198 do CTN prevê a possibilidade de divulgação de dados referentes "a incentivo, renúncia, benefício ou imunidade de natureza tributária cujo beneficiário seja pessoa jurídica". Já espanta a restrição das informações às pessoas jurídicas. Por que não informar a todos os benefícios concedidos às pessoas físicas? Ademais, necessitamos de informações não só de quem goza dos benefícios, mas do porquê eles foram concedidos e os resultados concretos que eles geraram.

19. AFINAL, ISENÇÕES TRIBUTÁRIAS SÃO "GRANDEZAS NEGATIVAS"? (2023)

Este texto marca a minha chegada, junto com o amigo e companheiro no Departamento de Direito do Estado da Universidade do Estado do Rio de Janeiro, Marcus Lívio Gomes, à coluna Justiça Tributária. Será um prazer dividir este espaço com Raul Haidar e Fernando Facury Scaff às segundas-feiras.

Para esta contribuição inaugural, resolvi me aproveitar de um dos temas mais debatidos no Direito Tributário em 2023, e olha que a concorrência este ano está grande. Tratarei de um aspecto relacionado à controvérsia a respeito do tratamento, para fins de apuração do Imposto de Renda das Pessoas Jurídicas ("IRPJ") e da Contribuição Social sobre o Lucro Líquido ("CSLL"), das subvenções fiscais concedidas pelos Estados.

Meu objetivo, aqui, não será analisar esta matéria em todas as suas diferentes faces. Trata-se de um assunto poliédrico que pode ser examinado sob diversos pontos de vista. A questão que quero trazer é relacionada, especificamente, à natureza jurídica das isenções fiscais – e apenas das isenções, de modo que não cuidarei de outras formas de concessão de benefícios fiscais, como as reduções de alíquotas e de base de cálculo.

De fato, uma parte do debate sobre as subvenções, nessa controvérsia sob análise pelo Superior Tribunal de Justiça, acabou sendo pautado por aspectos contábeis, os quais, embora certamente relevantes, a meu ver não deveriam ser o marco para a discussão a respeito da natureza jurídica dos institutos sob exame. Por outro lado, um assunto que poderia ter tido um papel mais central, e aparentemente não teve, refere-se exatamente à natureza das isenções a partir do Código Tributário Nacional ("CTN"), considerando algumas das premissas que foram estabelecidas para diferenciar as subvenções concedidas via isenções daquelas instrumentalizadas por créditos presumidos.

Um aspecto que ganhou repercussão em relação a esta matéria foi a classificação diferenciadora proposta entre "grandezas positivas", categoria na qual se encontrariam qualificados os créditos presumidos, que geram um reflexo positivo no resultado da pessoa jurídica mediante o reconhecimento de uma receita; e "grandezas negativas", tipo no qual estariam qualificadas as isenções, que seriam uma abstenção de incidência e, consequentemente, não gerariam impactos no resultado.

Como mencionei, buscou-se colocar em xeque esta classificação a partir de um referencial contábil, tentando-se demonstrar que haveria base na contabilidade para justificar o reconhecimento de um impacto no resultado também no caso das isenções. Entretanto, parece-me que a questão de fundo é jurídica e deveria ser estabelecida a partir do CTN.

Por estranho que possa parecer, embora o CTN caminhe para completar 60 anos, e as isenções tributárias estejam longe de ser um fenômeno atípico no Brasil, ainda hoje há celeumas doutrinárias e um silêncio eloquente do Poder Judiciário na definição da natureza jurídica das isenções, que vêm tratadas no Código a partir de seu artigo 175 como formas de "exclusão do crédito tributário".

Se voltarmos no tempo e buscarmos entender a "exclusão do crédito tributário" de uma perspectiva histórica, notaremos que a visão cristalizada no CTN foi o entendimento de Rubens Gomes de Souza. Já em seu relatório sobre o projeto do Código o Professor da USP consignou que "o art. 140 enumera as causas que excluem a exigibilidade do crédito tributário sem entretanto importar na extinção daquele, nem, por consequência, na da obrigação correspondente. São a isenção e a anistia."[50] Note-se que este artigo 140 tinha redação equivalente ao atual artigo 175 do CTN.

---

[50] MINISTÉRIO DA FAZENDA. *Relatório apresentado pelo Prof. Rubens Gomes de Souza, relator geral, e aprovado pela Comissão Especial nomeada pelo Ministro da Fazenda para elaborar o Projeto de Código Tributário Nacional*. Rio de Janeiro: Ministério da Fazenda, 1954.

Segundo este entendimento, nos casos de isenção o fato gerador do tributo respectivo se manteria íntegro, nasceria a obrigação tributária, fazendo surgir a relação jurídica entre o ente tributante e o sujeito passivo, e a norma isentiva atuaria diretamente sobre o crédito tributário, excluindo a sua exigibilidade. Daí ser tão comum em autores que escreveram contemporaneamente e nas primeiras décadas que seguiram à edição do CTN a referência às isenções como espécie de "dispensa legal do pagamento do tributo".

Contudo, esta visão não reinou sem questionamento por muito tempo. Logo surgiu uma teoria concorrente, que com o tempo passou a ser defendida por diversos autores e autoras, no sentido de que a norma isentiva atuaria sobre a própria norma de incidência, reduzindo o seu escopo, objetivo ou subjetivo. Consequentemente, a concessão de uma isenção resultaria na inexistência de fato gerador e, sendo assim, impediria o próprio nascimento da obrigação tributária.

É interessante observamos, a esta altura, que não existe uma ontologia das isenções. Isenção é um conceito normativo que só pode ser definido a partir dos limites do próprio ordenamento jurídico. Em outras palavras, uma isenção é aquilo que o CTN estabeleceu. Se o Código andou mal, ou está ultrapassado, ou deveria ter trazido regulação diferente é um outro debate. De fato, parece-me que já passou a hora de uma revisão do CTN, mas isso é tema para uma outra coluna. Contudo, não nos parece que a definição das isenções fiscais deva ser construída a partir da filosofia ou da teoria geral do Direito. Logo, é no CTN e com base nele que essa definição deve ser construída.

Provavelmente por reconhecer que esta é uma questão que deve ser solucionada a partir do CTN, a doutrina que defende a segunda corrente, que postula que a norma de isenção impede que nasça a própria obrigação tributária, se apressou em estabelecer a premissa de que o artigo 175 do Código conviveria com ambas as teorias. Segundo este entendimento, a expressão "exclusão do crédito tributário" poderia ser interpretada tanto como "exclusão da obrigação e, consequentemente, impedimento do surgimento do crédito tributário respectivo", ou como "exclusão do próprio crédito tributário, mantendo-se íntegra a obrigação subjacente".

Não nos parece que esta seja a leitura mais correta do CTN. De fato, se partirmos da dicotomia entre obrigação e crédito tributário criada pelo Código, parece uma interpretação um tanto forçada imaginar que a "exclusão do crédito tributário" atuaria diretamente sobre o fato gerador, impedindo o surgimento da própria obrigação tributária. Entendemos que o CTN refletiu a visão de seu elaborador primeiro, Rubens Gomes de Souza, no sentido de que a regra de isenção não mutila a regra de incidência tributária de nenhuma maneira, atuando apenas sobre a pretensão do ente tributante e eliminando a exigibilidade do direito ao tributo.

Consciente ou inconscientemente, a doutrina que sustenta a segunda corrente que apresentamos acima parece querer lidar com uma outra questão complexa, que tem relação com o tema de que ora nos ocupamos, qual seja a aplicação da regra de anterioridade nos casos de revogação de uma isenção.

Com efeito, sob a luz da primeira corrente – que nos parece ter sido adotada pelo CTN –, uma vez que a isenção jamais teria afastado a ocorrência do fato gerador e o nascimento da obrigação tributária, agindo diretamente sobre a exigibilidade do crédito tributário, haveria espaço para se sustentar que a revogação de uma isenção não geraria a criação ou majoração de tributo. A seu turno, de acordo com a segunda linha teórica que apresentamos, não haveria dúvidas quanto ao fato de que a revogação de uma isenção resultaria em um alargamento do alcance da regra de incidência tributária.

Entretanto, cremos que esse debate reforça a leitura que nos parece mais correta do CTN. De fato, não podemos esquecer que o Código lidou com esta questão no inciso III do seu artigo 104, ao estabelecer que "entram em vigor no primeiro dia do exercício seguinte àquele em que ocorra a sua publicação os dispositivos de lei, referentes a impostos sobre o patrimônio ou a renda [...] que extinguem ou reduzem isenções, salvo se a lei dispuser de maneira mais favorável ao contribuinte, e observado o disposto no artigo 178".

Portanto, antecipando que, segundo a posição adotada pelo Código, a questão da revogação de uma regra isentiva geraria uma quebra nas expectativas do contribuinte, o próprio CTN previu que a regra de anterioridade seria aplicável neste caso. Contudo, e este sempre foi o grande ponto de discussão em relação a este dispositivo, o *caput* do artigo 104 faz referência apenas a tributos sobre o patrimônio ou a renda, o que poderia deixar de fora do seu alcance diversos tributos relevantes em termos arrecadatórios.

De toda forma, por mais que essa seja uma questão relevante, não podemos perder de vistas que na década de 60, sob outra ordem constitucional, os debates sobre a proteção da confiança dos contribuintes nos atos do poder público ainda eram rudimentares. Portanto, considerando os avanços nesses mais de cinquenta anos não cremos que a proteção dos contribuintes contra a surpresa causada por um novo dever de desembolso de caixa esteja fora do alcance da regra da anterioridade, mesmo que seja adotada a primeira corrente acima, que nos parece a mais adequada.

O mais interessante é que, passados tantos anos, até agora não há uma tomada de posição explícita dos Tribunais Superiores sobre este tema, cuja relevância é evidente. A discussão atual sobre a questão do tratamento dos benefícios fiscais de ICMS na apuração do IRPJ e da CSLL poderia ser uma ótima oportunidade para termos uma interpretação clara do Poder Judiciário sobre essa matéria.

20. A RECEITA FEDERAL E O LICENCIAMENTO DE SOFTWARE DE NÃO RESIDENTE (2023)

Nesta terça-feira, dia 04 de julho, participarei de um webinar organizado pelo grupo Mulheres no Tributário, juntamente com a Associação Brasileira de Direito Financeiro (ABDF), cujo tema central será a recente posição da Receita Federal do Brasil sobre a tributação da licença de software junto a não residente. Dividirei a tela com as amigas Ana Cláudia Utumi, Camila Tapias e Doris Canen. Aproveitei a preparação para este encontro para escrever a coluna desta segunda-feira sobre esse assunto.

Os aspectos tributários relacionados à licença de software são diversos. Desta forma, é importante destacarmos desde já que o foco deste artigo será a interpretação formalizada na Solução de Consulta COSIT nº 107, de 6 de junho de 2023 (SC 107).

Em breve síntese, a SC 107 tratou de situação onde a pessoa jurídica consulente informou às autoridades fiscais ser uma fabricante de notebooks, celulares e smartphones, sendo que, no curso regular de suas atividades, contrata, de fornecedores localizados no exterior, licenças e atualizações de programas de computador não customizados.

Além da licença de software, informou a empresa consulente que o fornecedor não residente também prestava alguns serviços de suporte técnico, os quais não tinham custo especificamente discriminado no contrato de licença do programa de computador.

Após apresentar a descrição dos fatos objeto da consulta, a consulente manifestou sua posição no sentido da não incidência, sobre os pagamentos, créditos, empregos, entregas e remessas para o exterior em decorrência da licença e dos serviços conexos, do Imposto de Renda Retido na Fonte (IRRF), do PIS-Importação, da COFINS-Importação e da CIDE-Remessas.

Passando para a análise da posição da COSIT, as autoridades fiscais ressaltaram, logo no início, que sua interpretação seria apresentada considerando as especificidades da legislação de cada um desses tributos, o que, de fato, é o que se impõe dado que cada um deles possui sua própria regra de incidência.

Em relação ao IRRF, a COSIT reconheceu que, em algumas oportunidades, tinha se manifestado pela sua não incidência sobre o licenciamento de software não customizado transferido via download, partindo do entendimento de que esta seria uma operação com bens e, portanto, fora do âmbito de incidência do IRRF. Nada obstante, as autoridades fiscais apontaram que este entendimento havia sido alterado desde a Solução de Consulta COSIT nº 75, de 31 de março de 2023 (SC 75).

Com efeito, na SC 75 a COSIT firmou o entendimento no sentido de que os "os valores pagos, creditados, entregues, empregados ou remetidos a residente ou domiciliado no exterior, pelo usuário final, para fins de aquisição ou renovação de licença de uso de software, independentemente de customização ou do meio empregado na entrega, caracterizam royalties e estão sujeitos à incidência de Imposto sobre a Renda na Fonte (IRRF), em regra, sob a alíquota de 15% (quinze por cento)".

Podemos adiantar que esta posição nos parece refletir corretamente a qualificação da remuneração pelo licenciamento de software na legislação tributária federal. Estamos, nesses casos, diante da cessão do direito de uso, gozo e fruição de um intangível, de modo que de um royalty se trata. Portanto, estamos de acordo com a interpretação manifestada pela COSIT na SC 75 – salvo quando o licenciamento é feito pelo próprio desenvolvedor do programa, por força do disposto no artigo 22, "d", da Lei nº 4.506/1964.

Após estabelecer esta premissa e declarar, expressamente, que a SC 75 seria aplicável aos fatos descritos na SC 107, as autoridades fiscais passaram longos parágrafos analisando a decisão proferida pelo Supremo Tribunal Federal na Ação Direta de Inconstitucionalidade (ADI) nº

5.659/MG, na qual se examinou a incidência do ICMS ou do ISS sobre o licenciamento de software.

A partir daí, ficou bastante confusa a manifestação da COSIT. Afinal, os debates travados no Supremo Tribunal Federal sobre a incidência do ICMS ou do ISS sobre a licença de software se deram no contexto da dicotomia entre mercadorias e serviços que pauta esses dois tributos, a qual é estranha à legislação tributária federal, que há muitas décadas reconhece o pagamento de royalties como um fato econômico independente e com disciplina fiscal própria.

O mais estranho é que a leitura dos parágrafos 25 a 49 da SC 107 dá a impressão de que as autoridades fiscais iriam adotar posição no sentido de que o licenciamento de software não customizado transmitido via download teria a natureza de prestação de serviços, adotando posição alinhada àquela acolhida pelo Supremo Tribunal Federal ao decidir que tais atividades de licenciamento estariam sujeitas à incidência do ISS. Contudo, na conclusão desta parte da SC 107 a COSIT reiterou o entendimento no sentido de que:

> " ... no âmbito do Imposto de Renda, as importâncias pagas, creditadas, entregues, empregadas ou remetidas a residente ou domiciliado no exterior pela licença de uso de software, independentemente do meio empregado na aquisição, incluindo a aquisição de versão de atualização do software, através de nova licença ou prorrogação do prazo da licença original, caracterizam-se como remuneração de direitos autorais, enquadrada pela legislação como royalties e, portanto, sujeitas à incidência do IRRF à alíquota de 15% (quinze por cento), nos termos do art. 767 do Anexo do Decreto nº 9.580, de 2018 (RIR/2018)."

Após examinar a incidência do IRRF, a COSIT se dedicou ao exame do tratamento da licença de software na legislação da CIDE-Remessas. A conclusão, neste caso, foi simples, já que a legislação desta contribuição explicitamente estabelece a sua não incidência sobre o licenciamento de software. Conforme a posição das autoridades fiscais, "extrai-se que a Cide não incide sobre a remuneração pela licença de uso de programa de computador (software), incluindo a aquisição de versão de atualização do software, através de nova licença, salvo quando envolver a transferência da correspondente tecnologia (§ 1º-A do art. 2º da Lei nº 10.168, de 2000)".

A COSIT fez uma ressalva, contudo, destacando que havendo a contratação de "serviço técnico de manutenção pela atualização da versão do próprio software, desde que não origine novo licenciamento, incide a Cide sobre a remuneração a residente ou domiciliado no exterior, à alíquota de 10% (dez por cento), nos termos do art. 2º, § 2º, da Lei nº 10.168, de 2000".

Não vemos reparos nas posições da COSIT sobre o tratamento da remuneração pelo licenciamento de software na legislação da CIDE-Remessas.

Se em relação ao IRRF e à CIDE-Remessas a posição das autoridades fiscais se mostrou coerente, com o devido respeito não se pode dizer o mesmo em relação à interpretação relativa à legislação de regência do PIS-Importação e da COFINS-Importação, cuja elasticidade hermenêutica trouxe uma contradição que creio ser insuperável para a fundamentação da própria SC 107.

A posição adotada pela COSIT em relação à incidência do PIS-Importação e da COFINS-Importação sobre o licenciamento de software talvez explique os longos parágrafos dedicados à posição do Supremo Tribunal Federal sobre a celeuma ISS versus ICMS sobre as mesmas transações, quando da análise do IRRF na primeira parte da fundamentação da SC 107.

As autoridades fiscais iniciaram registrando que a COSIT tinha posicionamento consolidado no sentido de que as contribuições em questão não incidiriam sobre pagamentos, créditos, remessas, empregos ou entregas de recursos para não residente em decorrência da licença de software não customizado transferido via download, citando a Solução de Consulta COSIT nº 303, de 14 de junho de 2017.

Mais adiante, destacou-se que a COSIT já havia se manifestado no sentido de que os "rendimentos decorrentes de adesão a contrato de licença de uso de software são considerados 'royalties', nos termos definidos pelo art. 22 da Lei nº 4.506, de 1964". Consequentemente, por ser tratada como royalty a contraprestação pelo licenciamento de software estaria fora do campo de incidência do PIS-Importação e da COFINS-Importação. Esta posição havia prevalecido na Solução de Consulta COSIT nº 71, de 10 de março de 2015 (SC 71).

Veja-se que esta interpretação, sustentada na SC 71, é a única coerente com a interpretação apresentada na própria SC 107 em relação ao IRRF. Com efeito, a não ser que tenha sido objeto de uma definição explícita divergente em dois sistemas normativos, não há como se sustentar que um mesmo fato econômico – licenciamento de software – seja um royalty para fins da incidência do IRRF e uma prestação de serviços no que tange à legislação do PIS-Importação e da COFINS-Importação. Contudo, por mais que esta interpretação fosse a mais correta e a única intrinsecamente coerente com a própria SC 107, as autoridades fiscais a abandonaram, em homenagem a uma equivocada aplicação da interpretação do Supremo Tribunal Federal sobre o ICMS e o ISS às aludidas contribuições.

O entendimento sustentado pela COSIT foi, basicamente, no sentido de que o Supremo Tribunal Federal teria definido que o licenciamento de software configuraria um serviço para fins da legislação do ISS e, portanto, como tal deveria ser considerado para fins da incidência do PIS-Importação e da COFINS-Importação. Veja-se o seguinte trecho da SC 107, que bem resume a posição das autoridades fiscais:

> "Portanto, por todo o exposto em relação ao julgado do STF, em virtude da publicação do acórdão proferido na ADI nº 1.945/MT e na ADI nº 5.659/MG, conclui-se que, a partir da referida decisão, reconhece-se que na adesão a contrato de licenciamento de uso de softwares a obrigação de fazer está presente no esforço intelectual, seja a aquisição por meio físico ou eletrônico, o que configuram contraprestação por serviço prestado os valores pagos, creditados, entregues, empregados ou remetidos a beneficiário residente ou domiciliado no exterior como remuneração decorrente dessa adesão, incidindo a Contribuição para o PIS/Pasep-Importação e a Cofins-Importação sobre tais valores, nos termos do inciso II do art. 7º c/c o inciso II do art. 3º da Lei nº 10.865, de 2004."

Devemos sempre ter cuidado ao afirmar que posições interpretativas são "certas" ou "erradas". Naturalmente, considerando os termos das decisões do Supremo Tribunal Federal, seria possível a adoção de uma posição – com a qual não concordamos – de que os licenciamentos de software deveriam ser qualificados como serviços para fins da legislação tributária federal. Contudo, ao adotar qualificações distintas para um mesmo fato econômico parece-nos que, de fato, a COSIT incorreu em um erro. O licenciamento de software não pode ser, ao memo tempo, remunerado por royalties ou tratado como prestação de serviço. Ao adotarem essa posição, contraditória e incoerente, as autoridades fiscais expuseram sua a interpretação a forte crítica, já que parece que estamos diante de um esforço hermenêutico para levar à maior incidência tributária possível sobre o licenciamento de programas de computador.

Desde que o Supremo Tribunal Federal firmou sua posição pela incidência do ISS sobre licenciamentos de software temos defendido que há que se ter muita cautela no transplante dessa interpretação para o contexto da legislação federal. Afinal, como já apontamos, esta não está presa à dicotomia binária mercadorias/serviços.

O que a COSIT fez na SC 107 foi o seguinte: primeiro, definiu que, por natureza, a contraprestação pelo licenciamento de software não customizado tem natureza de royalty. Daí, como a legislação do IRRF tem uma disciplina específica para este fato econômico, foi simples. Concluiu que seriam aplicáveis as regras que tratam da incidência do IRRF sobre pagamentos, créditos, entregas, empregos ou remessas de royalties.

Ao passar à análise da legislação do PIS-Importação e da COFINS-Importação, as autoridades fiscais encontraram uma realidade distinta. Afinal, neste campo não há uma previsão de incidência sobre royalties – razão pela qual a COSIT sempre se manifestou pela não tributação de tais fatos econômicos.

Tendo se deparado com a realidade binária do PIS-Importação e da COFINS-Importação, as autoridades fiscais não tiveram dúvida: se aqui não há uma previsão para tributação de royalties então, neste caso, de royalties não se tratam! É uma prestação de serviços.

Ora, salta aos olhos a contradição lógica. Um mesmo fato econômico não pode simultaneamente ser e não ser um pagamento de royalty, ou ser e não ser uma prestação de serviços, salvo se, como já mencionamos, tivesse sido objeto de uma definição legal, explícita e específica, no contexto da regulação de cada tributo.

Contudo, não é isso o que se passa aqui. Tanto o conceito de royalty quanto o conceito de prestação de serviços foram construídos pela COSIT na SC 107 a partir de dispositivos e precedentes genéricos, não relacionados ao IRRF, ao PIS-Importação ou à COFINS-Importação. Logo, resta injustificável a qualificação do mesmo fato econômico de forma divergente, salvo pela aparente intenção de se assegurar a maior incidência sobre os licenciamentos de software transfronteiriços.

Ao longo desse texto fizemos referência ao licenciamento de software não customizado. Contudo, nada do que afirmamos aqui se alteraria caso o licenciamento recaísse sobre um software elaborado sob encomenda. Essa distinção entre software customizado e não customizado sempre foi um grande equívoco. Em ambos os casos o que se tem é o pagamento de um royalty.

Se contrato alguém para me prestar um serviço de programação e desenvolver um software, tenho uma prestação de serviço de programação, mas não um licenciamento. Se em decorrência do contrato a propriedade do software for do programador e ele me licenciar o programa – que originalmente foi criado por encomenda – tenho o pagamento de um royalty – salvo se concluirmos pela aplicação do artigo 22, "d", da Lei nº 4.506/1964. Logo, a remuneração pelo direito de uso de um programa de computador será sempre um royalty, independentemente de o software ser customizado ou não customizado.

Outra questão relevante, e que aparece na SC 107, é a existência de prestações de serviços conexas. A existência de serviços que são contratados juntamente com o licenciamento não pode ter a força de converter todas as obrigações em prestações de serviços. Pelo contrário, os serviços são acessórios em relação ao licenciamento do software, de modo que cada obrigação de desempenho deve ter sua própria incidência tributária – desde que tenham sido precificadas de forma independente no contrato, como já decidiu a própria COSIT inúmeras vezes.

Por fim, mesmo que não seja objeto deste texto, temos que o meio de disponibilização do programa de computador também não deve alterar a natureza da remuneração pelo licenciamento. Menciono aqui toda a controvérsia que envolve a utilização frouxa da expressão software as a service (SaaS). Não é porque determinado contrato tem por objeto SaaS que, necessária e obrigatoriamente, estaremos diante de uma prestação de serviços. Mesmo nesses casos a natureza do fato econômico subjacente somente poderá ser determinada a partir de uma análise caso a caso do contrato e do que foi efetivamente contratado e entregue pelas partes.

Percebe-se, portanto, que a saga da definição dos tributos incidentes sobre o licenciamento de software ainda está na sua segunda temporada. Há muitas questões em aberto e controvérsias que vão surgir, as quais certamente irão requerer novas manifestações das autoridades fiscais e, eventualmente, do Conselho Administrativo de Recursos Fiscais e do Poder Judiciário.

21. *COST-SHARING* INTERNACIONAL E AS NOVAS REGRAS DE PREÇOS DE TRANSFERÊNCIA (2023)

Meus últimos textos tiveram por objeto as questões relacionadas à reforma tributária proposta por meio da PEC nº 45, nos quais examinamos os princípios listados no que poderá vir a ser o novo § 3º do artigo 145 e o imposto seletivo, que se pretende incluir no inciso VIII do artigo 153, ambos da Constituição Federal.

Contudo, sabe-se bem que esses não são os únicos temas tributários que foram alterados nos últimos meses, ou que estão em vias de modificação. Muito pelo contrário, parece que de uma hora para a outra não há matéria fiscal que não esteja sob a mira do legislador. Neste artigo focaremos em uma questão específica de uma das reformas recentes da legislação tributária: o tratamento fiscal de reembolsos em contratos internacionais de compartilhamento de custos e despesas e os potenciais impactos da alteração das regras brasileiras de preços de transferência.[51]

Os contratos de compartilhamento ou rateio de custos ou despesas, conhecidos internacionalmente como *cost-sharing agreements*, são uma prática muito comum na gestão de grupos empresariais, doméstica ou internacionalmente.

---

[51] Já examinei esse tema mais detalhadamente em outras publicações. Ver, por todos: ROCHA, Sergio André. Parecer. Contrato de compartilhamento de custos entre matriz americana e filial situada no Brasil. Tributação dos reembolsos para o exterior. *Revista Fórum de Direito Tributário*. Belo Horizonte, n. 121. Jan.-fev. 2023, p. 163-191.

Em linhas gerais, em um contrato desta natureza temos uma entidade centralizadora que suporta custos e despesas comuns, o que beneficia diversas entidades de um mesmo grupo econômico – embora não haja restrições a rateios entre pessoas jurídicas não relacionadas.

Como esses custos e despesas são, por natureza, das entidades participantes, para a centralizadora tais pagamentos devem ser entendidos como "pagamentos feitos por conta e ordem de terceiros" que serão posteriormente reembolsados.

Exatamente por essa característica particular de cuidar de custos e despesas incorridos por conta e ordem de terceiros, é que os contratos de compartilhamento devem atender a algumas características específicas, que passamos a comentar.

A EXIGÊNCIA DE CONTRATO ESCRITO

Os contratos de compartilhamento de custos e despesas são contratos atípicos que não têm regulamentação própria no Direito Privado brasileiro. Por esta razão, e considerando principalmente que esses contratos têm como requisito mais importante a previsão de critérios objetivos e razoáveis de rateio, é comum se mencione como uma condição de validade que sejam estabelecidos por meio de instrumento formal.

É verdade que não há objeção a contratos verbais no Direito Contratual pátrio. Nada obstante, dada a especificidade dos contratos de que estamos cogitando, parece haver sentido na premissa de que devam ser formalizados documentalmente pela entidade centralizadora e a(s) participante(s).

O CRITÉRIO DE RATEIO

Como apontamos no item anterior, é possível que a exigência de contrato escrito esteja diretamente relacionada com a obrigatoriedade de previsão, entre as partes, de critérios objetivos e razoáveis para o rateio dos custos e despesas.

Um critério de rateio é considerado objetivo quando ele é passível de verificação por um auditor independente. Por outro lado, ele será razoável quando houver congruência entre o critério e o custo ou despesa compartilhados.

Por exemplo, se as entidades estiverem rateando custos de atividades de recursos humanos, por exemplo, o número de empregados de cada pessoa jurídica será um critério objetivo e razoável. Ele é objetivo, porque auditável, e razoável, porque diretamente relacionado à natureza do gasto.

O COMPARTILHAMENTO É DE ATIVIDADES-MEIO, NÃO DE ATIVIDADES-FIM

Outro requisito comumente estabelecido para os contratos de compartilhamento de custos e despesas é que ele alcance atividades-meio, e não atividades-fim. Atividades-meio são atividades acessórias e instrumentais desenvolvidas internamente para a realização da atividade empresarial da pessoa jurídica. Elas não geram receita para a entidade, mas viabilizam à pessoa jurídica a realização de suas atividades e a auferir receitas.

A INEXISTÊNCIA DE MARGEM DE LUCRO

O último elemento essencial de um contrato de compartilhamento de custos e despesas é que a entidade centralizadora recobre os valores pagos por conta de terceiros – as demais entidades participantes – por seu valor de custo.

Com efeito, vimos que um contrato de compartilhamento está baseado na premissa de que uma das empresas centralizará a realização de atividades que beneficiarão uma ou mais entidades do mesmo grupo econômico. Mencionamos que, nesse caso, estamos diante da realização de atividades-meio, que a centralizadora não exerce empresarialmente.

Ora, assim sendo, é da natureza desse tipo de contrato que o reembolso reflita exatamente o montante incorrido pela centralizadora em benefício das demais. Essa é uma das características que ressalta o caráter "não empresarial" desses contratos, uma vez que certamente se referem a atividades que a entidade centralizadora não exerce para auferir receitas.

UM CONTRATO DE COMPARTILHAMENTO DE CUSTOS E DESPESAS NÃO É UM CONTRATO DE PRESTAÇÃO DE SERVIÇOS

Tendo em conta os comentários anteriores, um aspecto atualmente incontroverso na doutrina é que o contrato de compartilhamento de custos e despesas não se caracteriza como um contrato de prestação de serviços.

A primeira característica desses contratos, como vimos, é que as entidades envolvidas estão, de fato, se associando para arcar conjuntamente com custos e despesas comuns. Trata-se de um contrato de caráter nitidamente associativo.

Esse traço associativo é uma decorrência de duas características principais dos contratos de compartilhamento: o fato de abrangerem apenas atividades-meio e a ausência de qualquer margem de lucro ou cobrança pela atividade de centralização.

Com efeito, a natureza instrumental das atividades de contratação centralizada, que não fazem parte do objeto social ou da atividade empresarial da centralizadora, afasta o contrato de compartilhamento de custos e despesas da prestação de serviços no contexto de uma relação empresarial.

É pacífico na doutrina que contratos de prestação de serviços são onerosos e sinalagmáticos, sendo que estas não características típicas dos compartilhamentos, em que cada participante tem apenas e tão somente que suportar o seu próprio custo, nada pagando para a centralizadora ou qualquer outra entidade participante.

Nesse sentido, Edvaldo Brito, em nota de atualização à obra de Orlando Gomes, ressalta que "o contrato de prestação de serviço é oneroso. Se gratuito o serviço prestado, ter-se-á doação ou contrato atípico".[52] No mesmo sentido, Gustavo Tepedino e Paula Greco Bandeira afirmam, de forma categórica, que o contrato de prestação de serviços "trata-se de contrato bilateral ou sinalagmático, vez que as obrigações assumidas pelo prestador de serviços encontram sua causa jurídica naquelas contraídas pelo tomador. Vale dizer: há vínculo de interdependência entre o serviço a ser prestado e a obrigação de pagar a remune-

---

[52] GOMES, Orlando. *Contratos*. 27 ed. Rio de Janeiro: Forense, 2019. p. 307.

ração pelo tomador".[53] Essa característica dos contratos de prestação de serviços é ressaltada, de maneira reiterada, pela doutrina civilista.[54]

Esse aspecto se conecta com o fato de que contratos de compartilhamento de custos e despesas não devem incluir margem de lucro, sob pena de se tornarem contratos de prestação de serviços.

Vê-se, assim, que um contrato de compartilhamento de custos e despesas não equivale a um contrato de prestação de serviços, por lhe faltar uma característica essencial: a onerosidade. O compartilhamento não envolve a remuneração da entidade centralizadora dos custos e despesas. A pessoa jurídica que exerce este papel no grupo não está prestando serviços para as demais, mas sim coordenando o pagamento de custos e despesas comuns.

A CONTROVÉRSIA SOBRE A TRIBUTAÇÃO DAS REMESSAS DE REEMBOLSO NOS CONTRATOS INTERNACIONAIS DE RATEIO

Há significativa controvérsia sobre a incidência dos tributos exigidos na importação de serviços quando do pagamento, crédito, entrega, emprego ou remessa,[55] para o exterior, de reembolsos decorrentes de contratos e compartilhamento de custos e despesas. Temos defendido que, em relações de rateio não ocorrem os fatos geradores do Imposto de Renda Retido na Fonte (IRRF), da CIDE-Remessas, do PIS-Importação, da COFINS-Importação e do Imposto sobre Serviços (ISS).

De fato, a entidade centralizadora, quando paga por custos e despesas que beneficiam as pessoas jurídicas participantes, está realizando pagamentos por conta e ordem de terceiros. Dessa forma, quando ela recebe reembolso pelos valores pagos, ela não tem um acréscimo patrimonial, mas sim uma recomposição patrimonial.

Portanto, não há como se cogitar da incidência do IRRF sobre reembolso de despesas caracterizadas como meras recomposições patri-

---

[53] TEPEDINO, Gustavo; KONDER, Carlos Nelson; BANDEIRA, Paula Greco. *Fundamentos de Direito Civil Volume 3: Contratos*. Rio de Janeiro: Forense, 2020. p. 290.

[54] Ver: DINIZ, Maria Helena. *Curso de Direito Civil Brasileiro*. 36 ed. São Paulo: Saraiva, 2020. p. 315; RIZZARDO, Arnaldo. *Contratos*. 18 ed. Rio de Janeiro: Forense, 2019. p. 592; VENOSA, Sílvio de Salvo. *Direito Civil: Contratos*. 20 ed. São Paulo: Atlas, 2020. p. 526.

[55] Para simplificação, adiante nos referiremos apenas a "pagamentos" para o exterior.

moniais, ou seja, que visem apenas e tão somente possibilitar que o centralizador retorne à sua posição econômica inicial, sem qualquer aumento ou incremento patrimonial.

Em relação à CIDE-Remessas, ao PIS-Importação, à COFINS-Importação e ao Imposto ISS, todos esses tributos têm uma característica em comum: a consumação de seus fatos geradores depende da identificação de uma prestação de serviços.

Como já pontuamos, contratos de compartilhamento de custos e despesas não são contratos de prestação de serviços. Faltam-lhes alguns elementos.

Em primeiro lugar, vimos que estamos tratando de atividades-meio de suporte, que sequer integram o objeto da entidade centralizadora e não são desempenhadas empresarialmente.

Ademais, considerando que a onerosidade é caraterística intrínseca aos contratos de serviços, os contratos de compartilhamento são a sua antítese.

Com efeito, contratos de compartilhamento de custos e despesas são, em essência, contratos de pagamento por conta e ordem de terceiros. A entidade centralizadora não faz mais do que pagar um custo ou despesa de terceiros e recuperar os recursos empregados em tal pagamento por conta e ordem. Trata-se de uma operação de soma zero. É um típico reembolso caracterizado como uma recomposição patrimonial.

Consequentemente, o que se verifica é que o pagamento do reembolso à entidade centralizadora, em um contrato de compartilhamento de custos e despesas, não materializa os fatos geradores da CIDE-Royalties, do PIS/COFINS-Importação e do ISS.

A TRIBUTAÇÃO DO REEMBOLSO PARA O EXTERIOR NÃO É PAUTADA PELA APLICAÇÃO DAS REGRAS DE PREÇOS DE TRANSFERÊNCIA

A falta de uma disciplina legal dos contratos de compartilhamento de custos no Brasil gerou o que consideramos um desvio na análise desta matéria: a importância exagerada dada aos *Transfer Pricing Guidelines* da OCDE.

Com efeito, sabemos que tais diretrizes da OCDE têm capítulos dedicados a serviços intragrupo e contratos de contribuição de custos,[56]

---

[56] OECD. *OECD Transfer Pricing Guidelines for Multinational Enterprises and Tax Administrations*. Paris: OECD, 2022. p. 313-355.

os quais influenciaram as soluções de consulta editadas pela Coordenação-Geral de Tributação da Receita Federal (COSIT), desde a Solução de Consulta COSIT nº 8/2012, até a Solução de Consulta COSIT nº 276/2019.

Nada obstante, e esse nos parece ser o pecado original dessas soluções de consulta, a caracterização de contratos de compartilhamento de custos nos *Transfer Pricing Guidelines* da OCDE é irrelevante para fins de determinação da incidência dos tributos aos quais no referimos anteriormente.

De fato, a consumação do fato gerador do IRRF, da CIDE-Remessas, do PIS-Importação, da COFINS-Importação e do ISS é completamente alheia ao que as aludidas diretrizes da OCDE disciplinam para fins de sua aplicação, devendo se pautar pela análise dos dispositivos contratuais, à luz do Direito Privado brasileiro, dos fatos efetivamente praticados e pela interpretação da legislação de regência dos referidos tributos.

Essa conclusão preliminar já antecipa nossa posição a respeito da relação das novas regras brasileiras de preços de transferência e o tema da tributação de reembolso para não residentes feito no contexto de contratos de compartilhamento de custos e despesas. Segundo vemos, as disposições da Lei nº 14.596/2023 ("Lei 14.596") não têm qualquer conexão com a incidência, ou não, dos aludidos tributos sobre tais reembolsos.

A Lei 14.596 disciplinou duas categorias relevantes para nossos comentários neste breve texto: os serviços intragrupo (artigos 23 e 24) e os contratos de compartilhamento de custos (artigo 25).

A terminologia utilizada pela lei é confusa. De fato, o que na prática brasileira se convencionou chamar de "contratos de compartilhamento de custos", aparece na Lei 14.596 sob a denominação de "serviços intragrupo". De outra parte, os contratos a que a lei se refere como "contratos de compartilhamento de custos" é tratado, na prática brasileira e nos *Transfer Pricing Guidelines* da OCDE, como "contratos de contribuição de custos".

Essa terminologia descasada da prática brasileira e das diretrizes da OCDE tende a gerar confusões. Contudo, o mais importante é que não confundamos a disciplina específica referente ao controle de preços de transferência com regras gerais que de alguma maneira sejam aplicáveis amplamente como se de regras gerais de Direito Tributário se tratasse.

A própria Lei 14.596, ao definir o termo "prestação de serviço", em seu artigo 25, § 1º, estabeleceu, explicitamente, que aquela definição presta-se "para fins do disposto nesta Lei". Ou seja, não se trata de uma definição aplicável para além dos restritos limites das regras de preços de transferência.

Nessa linha de ideias, o fato de a Lei 14.596 se referir ao contrato atípico de compartilhamento de custos como prestação de serviços intragrupo e tratar os contratos de contribuição de custos como contratos de compartilhamento, cria alguma confusão terminológica – o que, de fato, acontece – mas não serve para alterar a realidade jurídica.

A INCLUSÃO DE MARGEM DE LUCRO

Como vimos, um aspecto central para a defesa de que reembolsos no âmbito de contratos de compartilhamento de custos não são renda e não refletem uma prestação empresarial de serviços é o fato de serem cobrados sem margem de lucro.

Tendo em conta o foco específico deste artigo, não nos parece que haja qualquer alteração decorrente das novas regras brasileiras de preços de transferência. Afinal, a inexistência de margem na importação não gera excesso de dedutibilidade no Brasil. A questão fica por conta da legislação de preços de transferência do outro país, que pode exigir a cobrança de margem sobre a recuperação de custos para a entidade brasileira.

CONCLUSÃO

O tema desta coluna talvez seja complexo e multifacetado demais para os restritos limites de um artigo como o presente. De toda forma, acreditamos ter apresentado os principais aspectos que nos levam a concluir que as alterações promovidas nas regras brasileiras de preços de transferência não devem ter qualquer impacto na controvérsia sobre a tributação de reembolsos no contexto de contratos de compartilhamento de custos. Esta matéria está longe de ser pacificada pelos órgãos julgadores, administrativos ou judiciais. Contudo, as novas regras de preços de transferência não devem ter relevância na solução desta controvérsia.

22. EQUILÍBRIO FISCAL E O PL DAS SUBVENÇÕES (2023)

Um dos temas controversos em Direito Financeiro é o princípio do equilíbrio orçamentário. O debate se tornou ainda mais complexo recentemente, conforme foi ganhando espaço no discurso público a chamada "Teoria Monetária Moderna", que basicamente sustenta que Estados monetariamente soberanos não precisam se financiar a partir da arrecadação de impostos.[57]

De toda maneira, a despeito das controvérsias entre economistas, cremos que na realidade brasileira de hoje o equilíbrio fiscal se impõe como um princípio que orienta diversas regras presentes no ordenamento jurídico.

Com efeito, ao analisarmos o disposto nos artigos 165 a 169 da Constituição Federal é possível facilmente construir um princípio implícito, entendido como uma norma que indica um estado de coisas a ser alcançado, no sentido de que se deve buscar o equilíbrio entre receitas e despesas. Como um princípio, o equilíbrio orçamentário não teria um caráter tudo ou nada e conviveria com orçamentos deficitários. Nada obstante, não nos parece questionável que haja implícito na Constituição um princípio que aponta para o equilíbrio fiscal como objetivo.

---

[57] Sobre o tema, ver: ROCHA, Sergio André. *Fundamentos do Direito Tributário Brasileiro*. 2 ed. Belo Horizonte: Casa do Direito, 2022. p. 132-137.

Se na Lei Maior o equilíbrio fiscal está implícito, na Lei de Responsabilidade Fiscal ele não poderia ser mais explícito. Desde o disposto no § 1º do seu artigo 1º, passando por todos os dispositivos que regulam a receita e sua renúncia, bem como a despesa pública, vemos que a Lei de Responsabilidade Fiscal é o estatuto do equilíbrio orçamentário e da transparência.

Como nos ensina o Professor Marcus Abraham, um dos grandes nomes do nosso Direito Financeiro, "a disciplina na gestão fiscal responsável, a partir da contabilidade entre o volume de receitas e os gastos públicos, é considerada pela LRF uma condição necessária para assegurar a estabilidade econômica e favorecer a retomada do desenvolvimento sustentável. Mas não se trata de uma equação matemática cujo resultado encontra sempre o mesmo valor de receitas e despesas e uma diferença numérica exata, sempre igual a zero, indicando o perfeito equilíbrio. Permite-se a flexibilidade financeira, desde que se tenha a identificação dos recursos necessários à realização dos gastos, de maneira estável e equilibrada, numa relação balanceada entre meios e fins".[58]

Dessa forma, o Poder Executivo tem o dever jurídico de buscar o equilíbrio fiscal, mesmo que não pareça que sejam a Constituição Federal e a Lei de Responsabilidade Fiscal que estejam pautando a obsessão do Governo com o equilíbrio das contas públicas. Existe um outro ente, mais abstrato que diplomas normativos, mas muito concreto na realidade política, que também é obcecado por equilíbrio orçamentário: o "Mercado".

Não é nosso propósito comentar se a busca desesperada por equilíbrio fiscal é a política econômica mais adequada neste momento. O propósito deste texto é lidar com suas consequências na área tributária, chegando ao tema do título acima, o projeto de lei que disciplina a tributação das subvenções públicas.

Parando algum tempo para refletir, vamos notar que praticamente todas as grandes iniciativas do Governo no Congresso Nacional, que ganharam enorme divulgação na mídia, referem-se direta ou indiretamente à tributação. O Executivo federal até foi arrastado para algumas pautas como a demarcação de terras indígenas, a descriminalização do aborto e a exploração de hidrocarbonetos na Amazônia. Contudo,

---

[58] ABRAHAM, Marcus. *Lei de Responsabilidade Fiscal Comentada*. Rio de Janeiro: Forense, 2016. p. .31-32.

nenhum desses temas foi de iniciativa do Governo. Praticamente todos os movimentos importantes da Administração federal se deram no campo tributário ou tiveram alguma relação com a tributação e a busca pelo equilíbrio fiscal.

Esse contexto mostra-se extremamente perigoso e fértil para discursos imperfeitos e elaborações legislativas defeituosas.

Um grande exemplo que une a imperfeição discursiva e uma lei obtusa veio com a volta do voto de qualidade no CARF – que, a propósito, sempre apoiamos.

Não havia dúvida que era necessário superar o modelo, estranho para dizer o mínimo, criado pela Lei nº 13.988/2020, que tinha sido aprovado na calada da noite em uma das primeiras deliberações do Congresso Nacional no período da pandemia. Basta pensarmos que a sessão da Câmara dos Deputados que votou o texto do que viria a ser o artigo 19-E da Lei nº 10.522/2002 se deu em 18 de março de 2020, na primeira semana do *lockdown*, quando as pessoas só tinham atenção para o coronavírus.

Um propósito correto – reverter a patologia gestada pela Lei nº 13.988/2020 – foi seguido por desinformação, discursos equivocados feitos por diversos atores do Ministério da Fazenda, e redundou na aprovação da Lei nº 14.689/2023, cujo texto defeituoso tem desafiado a inteligência dos estudiosos do processo administrativo fiscal.

Parece que o mesmo açodamento está ocorrendo no que se refere à corrida para se alterar o marco legal tributário das subvenções públicas, atualmente objeto do Projeto de Lei nº 5.129/2023.

O tema das subvenções públicas é amplo e complexo demais para ser tratado em toda a sua extensão em uma coluna.[59] A hipercomplexidade da matéria decorre diretamente de sua conexão com um dos temas que mais evidenciam a disfuncionalidade do Sistema Tributário Nacional: os benefícios fiscais de ICMS.

Seria possível argumentar que o modelo para a concessão de tais incentivos, estabelecido na alínea "g" do inciso XII do artigo 155 da Constituição Federal e na Lei Complementar nº 24/1975 estivesse fadado ao insucesso. Ainda mais tendo sido estabelecido sob a exigência de unanimidade para a aprovação de qualquer benefício fis-

---

[59] Sobre o tema vale a pena ver a recente coletânea publicada pela APET (MARTINS, Ives Gandra da Silva; PEIXOTO, Marcelo Magalhães (Coords.). *Subvenções Fiscais: Aspectos Jurídico-Tributários e Contábeis*. São Paulo: MP Editora, 2023).

cal do imposto estadual. Contudo, a ineficiência do modelo não pode ser culpada por um dos mais descarados descumprimentos das regras constitucionais e infraconstitucionais por entes públicos de nossa história tributária.

Nesse contexto, benefícios fiscais de ICMS, que deveriam ser utilizados como instrumentos excepcionais, constitucionais e legítimos, de política econômica estadual, foram sucessivamente editados sem respeito às balizas constitucionais e sem qualquer evidência de conexão com políticas públicas transparentes.

Esse comportamento inconstitucional acabou legitimado pela Lei Complementar nº 160/2017, que entendeu por bem premiar os desvios constitucionais dos Estados, constitucionalizando muitos benefícios que eram verdadeiros privilégios tributários.

Ora, não é de se espantar que a União Federal, através da Receita Federal do Brasil e da Procuradoria-Geral da Fazenda Nacional, se incomodasse com os reflexos dos incentivos fiscais estaduais na apuração dos tributos federais. Tal incômodo se manifestava nas intermináveis disputas sobre a qualificação desses benefícios como subvenção para investimentos ou subvenção de custeio.

Em sua dicotomia original, uma subvenção para investimentos refletiria benefícios fiscais concedidos como instrumento de política econômica dos estados, que direcionariam recursos públicos para investimentos privados, tendo como objetivo a realização de fins que beneficiariam, de alguma forma, a sociedade. A noção de uma subvenção de custeio, em que não estariam presentes tais finalidades, sempre nos pareceu estranha. A transferência de recursos públicos para entes privados sem a caracterização acima seria, segundo vemos, simplesmente inconstitucional.

Um benefício fiscal estadual legítimo, que gere o reconhecimento de uma receita no resultado da pessoa jurídica e que não seja distribuído para os seus sócios ou acionistas, não pode ser tributado pela União Federal. Nesse sentido, parece-nos correto o entendimento do Superior Tribunal de Justiça nos Embargos de Divergência em Recurso Especial nº 1.517.492, no sentido de que as decisões de investimento dos entes subnacionais não podem ser impactadas pela tributação federal, sob pena de violação do pacto federativo – não é uma questão de imunidade recíproca, mas de desrespeito à autonomia financeira dos entes subnacionais.

Esta interpretação seria aplicável de forma mais clara aos créditos presumidos e a outras formas de subvenção governamental que transitem pelo resultado das empresas. Daí, em mais um capítulo surpreendente desta novela, inicia-se um debate sobre a aplicação desta posição a outros tipos de benefício fiscal, como, por exemplo, as isenções, que nunca foram contabilizadas como receitas.

Os motivos ulteriores que deram origem a esse debate sobre a contabilização das isenções e de outros benefícios fiscais equivalentes – e se eles resultariam nos objetivos almejados – fogem ao escopo deste artigo. Escrevemos sobre um aspecto desse debate, a diferenciação entre "grandezas positivas" e "grandezas negativas".

O que podemos afirmar é que o entendimento que defendemos acima, no sentido da não tributação de receitas geradas por benefícios fiscais estaduais, seria aplicável a todo e qualquer benefício fiscal que transite pelo resultado da pessoa jurídica. O quanto essa posição será compatível com a tese firmada pelo Superior Tribunal de Justiça no Tema 1.182, na versão final pós julgamento dos embargos de declaração que se encontram pendentes de análise, é algo que devemos esperar para ver. Ademais, essa matéria é **evidentemente constitucional**, de modo que se deve esperar que em algum momento o Supremo Tribunal Federal venha a se manifestar sobre o tema.

Feitos esses breves comentários, voltaremos nossa atenção ao Projeto de Lei nº 5.129/2023 ("PL 5.129").

O ponto de partida deste projeto de lei é a tributação das subvenções governamentais pelo Imposto de Renda das Pessoas Jurídicas (IRPJ), pela Contribuição Social sobre o Lucro Líquido (CSLL), pela Contribuição para o PIS e pela COFINS. Neste particular, o PL 5.129 nos parece potencialmente inconstitucional.

Como vimos, tributar o reflexo no resultado de benefícios fiscais de ICMS legítimos, cujos efeitos financeiros não sejam distribuídos para os sócios ou acionistas da pessoa jurídica, não é uma decisão que possa ser tomada pela União Federal, por incompatível com a autonomia dos entes subnacionais para realizarem políticas públicas por meio da concessão de subvenções.

O equívoco jurídico desta iniciativa legislativa pode acabar custando caro, como já se percebe pelas dificuldades em sua tramitação e pelo "preço" – com e sem aspas – que está sendo cobrado pelo Poder Legislativo para a sua aprovação.

Assim como aconteceu com o caso do voto de qualidade no CARF, faz bastante sentido que se busque "fechar a porteira" que foi aberta pela Lei Complementar nº 160/2017, com a equiparação de qualquer incentivo de ICMS a subvenções para investimento. Contudo, ignorar o tanto que já se avançou no debate deste tema, tendo como foco a busca do equilíbrio fiscal no curto prazo, parece errar o alvo. O PL 5.129 gerará um contencioso tributário que levará anos para ser solucionado.

Segundo vemos, o caminho mais adequado seria a edição de um novo regime tributário para as subvenções, que restringisse a sua não tributação àquelas situações em que estivesse claro o uso da subvenção de investimento como instrumento de política pública. Típicas subvenções para investimentos, quando a renúncia fiscal pode ser equiparada a um gasto tributário estratégico do ente subnacional, devem ser a exceção, e não a regra.

Poder-se-ia argumentar que a nossa sugestão seria alcançada com a concessão do crédito de IRPJ de que trata o projeto de lei. Contudo, cremos que argumento nessa linha seja equivocado. Caso se entenda, como estamos defendendo, que a tributação das receitas de subvenção é inconstitucional, teremos um cenário onde os fatos-acréscimo de patrimônio não serão tributáveis e, adicionalmente, o contribuinte terá o direito de apurar um crédito de IRPJ, um absoluto contrassenso.

Tirando o contencioso referente ao novo regime tributário das subvenções, que cremos ser inevitável, o PL 5.129 certamente gerará litígios decorrentes da sua própria interpretação/aplicação.

Podemos falar das dificuldades inerentes aos conceitos de instalação e expansão de empreendimentos econômicos, ou mesmo da restrição do crédito a instalações e expansões físicas de empreendimentos. Do fato de que não se previu um crédito de CSLL ou mesmo das eventuais controvérsias sobre o procedimento de habilitação das pessoas jurídicas para fazerem jus ao crédito de subvenção. Contudo, nada pior que a apuração do crédito.

Com efeito, o PL 5.129 – assim como a Medida Provisória nº 1.185/2023, antes dele – fez a opção por calcular o crédito tendo por base a dita "receita de subvenção", que não é equivalente ao montante do benefício fiscal contabilizado como receita, já que a sua determinação passa pelas condições e ajustes previstos nos artigos 7º e 8º.

Não nos parece necessária grande imaginação para antecipar que a determinação da "receita de subvenção" gerará inúmeras controvérsias. Afinal, se há situações óbvias de inclusão ou exclusão deste conceito, certamente haverá uma zona de penumbra onde a qualificação da receita não ficará tão evidente.

A complexidade aumenta quando consideramos o artigo 8º, I, do PL 5.129, segundo o qual não poderão ser computadas no crédito fiscal "as receitas não relacionadas com as despesas de depreciação, amortização ou exaustão relativas à implantação ou à expansão do empreendimento econômico".

O que é ser uma receita vinculada a despesas de depreciação, amortização ou exaustão da infraestrutura instalada ou expandida? Tudo indica que se quer restringir a apuração do crédito às receitas decorrentes da atividade econômica desenvolvida na estrutura física instalada ou expandida. Nada obstante, essa certamente será outra área em que o que se instalará e se expandirá serão as controvérsias.

Diante desses comentários, muito mais simples, para a fiscalização e para os contribuintes, seria estabelecer que o crédito de IRPJ seria calculado tendo como base a o montante do benefício fiscal contabilizado como receita, tendo como limite o valor total dos investimentos realizados.

Por todo exposto, queremos concluir este texto chamando a atenção para o fato de que a busca por equilíbrio fiscal, se é juridicamente justificável, não pode se dar de forma açodada, criando-se novas áreas de contencioso, na contramão da tão propagandeada mudança de paradigma nas relações entre Administração Pública e contribuintes. A criação de um novo marco legal para a tributação das subvenções públicas é não só razoável como necessária. Porém, o PL 5.129, no nosso sentir, erra o alvo, gerando desconfiança em relação ao Executivo federal e sendo a certidão de nascimento de várias controvérsias que nos acompanharão por longo tempo caso o projeto venha a ser aprovado da forma como atualmente redigido.

23. SEGURANÇA JURÍDICA COMO PRINCÍPIO DA ATIVIDADE FINANCEIRA DO ESTADO (2023)

Um dos princípios que mais frequentam os debates sobre tributação é o princípio da segurança jurídica. Mesmo sem uma pesquisa empírica, arriscaria dizer que nenhum outro é tão mencionado no contexto de diálogos tributários quanto ele.

De fato, a noção de que qualquer ordenamento jurídico num Estado Democrático de Direito deve ter como fim se alicerçar sobre textos normativos, o mais inteligíveis quanto possível, que possibilitem uma previsibilidade suficiente do futuro e uma razoável estabilidade do passado, não pode ser questionada nessa quadra histórica.

Contudo, há tempos que notamos um equívoco nas discussões sobre segurança jurídica em âmbito tributário que, segundo vemos, apequena o princípio e gera uma incapacidade em alguns atores de acompanhar a sua aplicação concreta, notadamente pelo Poder Judiciário. Refiro-me à visão de que o princípio da segurança jurídica apenas se aplica em benefício do sujeito passivo de deveres tributários, e não dos interesses da sociedade que se corporificam no Estado.

Essa visão, parcial e incompleta, do princípio da segurança jurídica, sugere que apenas o sujeito passivo tributário pode argumentar com base nele para defender suas pretensões, enquanto a instabilidade e a imprevisibilidade poderiam perfeitamente estar presentes nas situações em que interesses públicos estivessem em questão.

Em texto anterior publicado nesta **coluna**, tratamos brevemente das origens do Direito Tributário Brasileiro e de como o seu desenvolvimento dogmático na época da ditadura militar pode ter influenciado este tipo de postura e nos legado essa visão do Direito Tributário como o estatuto de defesa do sujeito passivo contra o Estado.

Ora, nenhum estudo jurídico pode ser feito desconsiderando o contexto histórico em que textos normativos foram editados e as teorias, desenvolvidas. Portanto, não nos parece que posturas teóricas desenvolvidas no contexto de um Estado de Exceção possam ser simplesmente transplantadas para o âmbito dos debates em um Estado Democrático de Direito.

Consequentemente, cremos ser evidente que o princípio da segurança jurídica não pode ter o mesmo perfil pré e pós-1988.

Pois bem. Da mesma maneira que a Constituição Federal claramente alçou a segurança jurídica a um dos pilares do Sistema Tributário Nacional, prevendo regras de competência com materialidades mais ou menos delimitadas para diversos tributos e veiculando regras como a legalidade, a anterioridade e a irretroatividade, o Texto Constitucional incluiu diversos dispositivos que estabelecem como fim uma **segurança financeira** pautada pelos mesmos requisitos de previsibilidade e estabilidade que vimos acima.

A Constituição Orçamentária está alicerçada em três pilares, refletidos em nível infraconstitucional no artigo 1º, § 1º da Lei de Responsabilidade Fiscal — a transparência, o planejamento e o equilíbrio orçamentário. Toda a lógica estabelecida pelo artigo 165 da Constituição para o Direito Orçamentário parte da premissa de que a lei vai veicular o planejamento financeiro do Estado de longo, médio e curto prazo, de modo que haja previsibilidade e estabilidade da arrecadação e do gasto públicos.

Tenho a vantagem de ser professor de Direito Financeiro e de Direito Tributário na Faculdade de Direito da UERJ. Essa junção das duas cadeiras é imprescindível para que se tenha uma visão global da atividade financeira do Estado e dos princípios que a regem. A artificial cisão entre o Direito Tributário e o Direito Financeiro faz do primeiro uma "bala perdida", uma vez que o despe do que lhe dá razão de ser e sentido: o gasto e as políticas públicas.

A esta altura, é inegável que o princípio do equilíbrio orçamentário é uma das pedras angulares da Constituição Financeira. Não desconhecemos as muitas polêmicas que existem sobre as demandas por equilíbrio fiscal e austeridade, nem que muitos autores e autoras importantes defendem que países soberanos monetariamente não precisam pautar o gasto público pela arrecadação de tributos.

Nada obstante, é só vermos a pauta dos governos, independentemente do matiz ideológico, para notarmos que a lógica que se impôs é a do equilíbrio orçamentário. Todas as grandes iniciativas do atual Governo, todas as grandes pautas congressuais apresentadas foram diretamente relacionadas ao equilíbrio das contas públicas.

É interessante observar que esta não é, necessariamente, uma pauta inata do Governo de turno. Pelo contrário, o equilíbrio orçamentário e as metas de austeridade são demandadas e às vezes praticamente impostas por essa entidade abstrata que chamamos de "Mercado". Tanto assim que uma mera notícia de avanço do "arcabouço fiscal" normalmente faz a Bolsa subir e anima as empresas de "rating" na revisão da nota atribuída ao Brasil.

Cremos ser absolutamente inquestionável, portanto, que a segurança orçamentária é um princípio constitucional irmão do princípio da segurança jurídica tributária. Da conjugação de ambos temos o princípio da segurança da atividade financeira do Estado.

A incapacidade de compreensão de que a segurança jurídica não é um princípio de polaridade única deixa muitos operadores e operadoras do Direito Tributário míopes quanto ao direcionamento das instituições que atuam neste campo, notadamente no que se refere às decisões dos Tribunais Superiores.

Com efeito, uma parcela de nossa teoria tributária, firme na premissa de que tributos, por natureza, restringem o direito de propriedade dos sujeitos passivos, vê, nas regras que materializam a segurança jurídica tributária, mandamentos de aplicação incontestável e absoluta que não podem ser ponderadas com outros interesses socialmente relevantes.

Essa será a verdade na maioria das situações. Porém, em alguns casos difíceis, essa visão unidimensional da segurança jurídica não conduz à melhor interpretação da Constituição Federal.

Um exemplo nos ajudará a compreender melhor o que estamos defendendo.

Sabemos que, desde 2004, o artigo 27, § 2º, da Lei nº 10.865 estabelece uma delegação legislativa para que o Poder Executivo reduza e reestabeleça a alíquota do PIS e da COFINS não cumulativos incidentes sobre receitas financeiras. Após mais de uma década reduzidas a zero, em 2015 tais alíquotas foram previstas em 0,65% e 4%, respectivamente, pelo Decreto nº 8.426.

O reestabelecimento dessas alíquotas gerou grande controvérsia, o que não é o foco de nossa discussão aqui. O ponto a que queria chegar refere-se à edição do Decreto nº 11.322, de **30 de dezembro de 2022**, que reduziu a alíquota do PIS de 0,65% para 0,33% e a da COFINS de 4% para 2%. Logo no dia **01 de janeiro de 2023**, este ato foi revogado pelo Decreto nº 11.374, que repristinou expressamente as alíquotas previstas no Decreto nº 8.426/2015.

Este é o que podemos chamar de um caso difícil de aplicação da regra da anterioridade e do princípio da segurança jurídica. A eficácia do Decreto nº 11.374/2023 estaria pautada pela anterioridade nonagesimal que rege as contribuições de financiamento da seguridade social?

Um defensor ou defensora da segurança jurídica unidimensional, escudo do contribuinte, provavelmente diria que sim. Há um ato emitido pela autoridade formalmente competente para a sua emissão, o então Presidente da República em exercício. Este ato foi revogado e uma nova tributação instituída já em janeiro de 2023. Consequentemente, não haveria dúvidas quanto à necessidade de proteção da expectativa criada nos contribuintes com a edição do Decreto nº 11.322/2022.

Nada obstante, não nos parece que a resposta seja tão simples.

Com efeito, a partir do momento em que entendemos a segurança jurídica como um princípio da atividade financeira do Estado, que também protege a expectativa de arrecadação, percebemos que situações como esta não podem ser examinadas de uma perspectiva essencial e exclusivamente formal.

De fato, considerando a situação das contas públicas, a decisão do então Presidente da República, num Governo que estava em seu penúltimo dia, pela redução de uma fonte de arrecadação relevante tem que ser considerada de um ponto de partida substantivo, o de suas motivações e justificativas, e não de uma perspectiva apenas formal de existência ou não de competência para a edição do ato administrativo.

Nessa toada, um ato claramente atentatório à segurança orçamentária, editado sem qualquer motivação ou justificativa legítima, parece, em si, um não-ato, um Decreto praticado, ao que tudo indica, com a finalidade última de criar embaraços financeiros para o Governo que se iniciaria em janeiro e, consequentemente, para toda a sociedade.

Só por isso já seria justificável repensarmos se este seria, de fato, um caso de aplicação da regra da anterioridade nonagesimal. Mas não é só. Também a própria anterioridade deve ser interpretada considerando o princípio da segurança jurídica da atividade financeira do Estado.

Em verdade, como vimos, o princípio da segurança jurídica tem como uma de suas vertentes a previsibilidade dos deveres tributários aos quais estão submetidos os sujeitos passivos. Portanto, uma regra como esta da anterioridade tem como fim evitar a surpresa decorrente da instituição ou majoração de tributos.

A todas as luzes, surpresa quanto à incidência não foi o que se passou neste caso. Se houve alguma surpresa, foi com o Decreto editado no ocaso do Governo passado pelo hoje Senador da República, Hamilton Mourão, em 30 de dezembro de 2022, quando as pessoas compravam pão para a rabanada e combinavam com familiares as celebrações do dia 31.

Assim sendo, uma interpretação teleológica da própria regra da anterioridade põe em xeque a pretensão de se transformar um Decreto maculado de claro desvio de finalidade em ato gerador de expectativas legítimas.

A compreensão do **princípio da segurança jurídica desta perspectiva bidimensional** normalmente gera reações enérgicas e inconformadas, como se estivéssemos, de alguma maneira, ressuscitando as teorias de prevalência do interesse público sobre o privado. Certamente não é isso que estamos defendendo.

É importantíssimo deixar bem claro que não estamos propondo que a segurança orçamentária tenha prevalência ou precedência sobre a segurança jurídica dos sujeitos passivos de deveres tributários. Não é isso que estamos dizendo!

O que estamos sustentando é que a segurança jurídica não é um princípio unidimensional e que, em alguns casos, a segurança jurídica orçamentária entrará em colisão com a segurança jurídica tributária. Nesses casos difíceis, que são a exceção, as condições de precedência serão definidas de modo casuístico.

É comum que este tipo de visão, como a que estamos sustentando, seja tido como antagônico aos interesses dos sujeitos passivos. Não nos parece que assim o seja.

Há muitos anos vimos denunciando os malefícios das posições binárias absolutas que pautam a doutrina tributária. Uma das suas principais desvantagens é a incapacidade de criar pautas para a solução dos problemas concretos que desafiam a inteligência dos órgãos de aplicação do Direito nos dias de hoje.

Isso fica bem claro se olharmos o caso das modulações de efeitos em casos tributários, que não raro se inserem no tema deste breve texto, vez que justificadas pela proteção da segurança orçamentária do Estado.

A posição da doutrina tributária muitas vezes é no sentido de que "modulações de efeitos" em decisões que reconhecem a inconstitucionalidade de tributos não deveriam ser autorizadas jamais, uma vez que violariam o princípio da segurança jurídica e seriam um estímulo à "inconstitucionalidade útil". Sendo assim, fincam sua posição e não debatem o mais importante: quais seriam as circunstâncias e a condições para uma modulação de efeitos de decisão que declare a inconstitucionalidade de um tributo?

Nesse contexto, quando o Poder Judiciário rejeita essa visão absoluta de vedação da modulação, e começa a modular suas decisões, não encontra uma teoria sobre os limites da modulação legítima, e passa a ter um mar azul para decidir sem balizas doutrinárias.

É nesse sentido que temos sustentado quão contraproducentes são essas posições binárias absolutas em um mundo marcado pela hipercomplexidade e pela ambivalência.

O princípio da segurança jurídica é um princípio da atividade financeira do Estado? Sem dúvida. Isso significa que ele tem um viés bidimensional que protege a segurança jurídica orçamentária, além da segurança jurídica do sujeito passivo de deveres tributários? Certamente. Então, a segurança jurídica pode ser transformada em um argumento vencedor para que sempre prevaleçam as posições da Fazenda Pública em casos tributários? **Jamais!** Como pontuamos anteriormente, a derrotabilidade de regras de segurança jurídica tributária deve ser a exceção, não a regra.

Dessa forma, repensar o princípio da segurança jurídica não é, segundo vemos, pretender restringir direitos dos contribuintes. **Muito pelo contrário!** É essa releitura do princípio, a partir da Constituição Federal de 1988, que nos permite compreender muitas das decisões que estão sendo proferidas pelos Tribunais Superiores nos últimos anos, e concluir que, como doutrina, é nosso papel construir os limites para a ponderação das duas vertentes da segurança jurídica diante de casos concretos. Do contrário, muitos e muitas seguirão na sina de se surpreenderem e se indignarem com decisões judiciais, sem perceber que por vezes acabam contribuindo para que os julgadores não tenham balizas claras para decidir.

24. REFORMA TRIBUTÁRIA E PRINCÍPIOS DO SISTEMA TRIBUTÁRIO NACIONAL (2023)

O Direito Tributário Brasileiro começou a se organizar cientificamente de forma mais consistente a partir da segunda metade do século passado, mais notadamente a partir de 1966, quando foi editado o Código Tributário Nacional. Assim, a doutrina tributária se formou nos anos duros da ditadura militar, tendo como referência um Estado autoritário.

Não surpreende que a marca da teoria tributária dessa época fosse o formalismo e uma defesa em máximo grau do princípio da segurança jurídica. É nesse período que se desenvolve a doutrina sobre legalidade tributária (posteriormente chamada de "estrita"), e que Alberto Xavier aporta no Brasil trazendo na mala o dito princípio da tipicidade cerrada – hoje em franco descrédito.

Marco Aurélio Greco nos deu um depoimento preciso sobre o contexto histórico deste período e seus reflexos sobre a formação da teoria tributária. Em suas palavras, "a variável política que não permitia o debate de questões substanciais levou a privilegiar as análises e discussões jurídicas que se concentrassem nos aspectos formais e linguísticos do texto legal (aspectos da hipótese de incidência), o que tornava a utilização do instrumental vindo da semiótica (na sintática e na semântica) politicamente 'aceitável'. Debater com a Autoridade no plano sintático e semântico e suscitar questões ligadas à hierarquia (das normas) era um porto seguro onde o questionamento do exercício da autoridade estatal (via tributação) podia se dar sem maiores riscos".[60]

Seguindo essa linha de raciocínio, é possível sustentar que a doutrina formalista que se desenvolve a partir da década de 60 e nas décadas de 70 e 80 era, de certo modo, progressista, no sentido de que buscava viabilizar o debate tributário possível no contexto de um Estado de exceção.

Com a redemocratização e a Constituição Federal de 1988 era de se esperar uma revolução copernicana na teoria tributária brasileira, a passagem de uma doutrina gestada em um Estado autoritário para outra que refletisse os valores e princípios de um Estado Democrático de Direito.[61] A mudança, contudo, foi muito mais lenta do que se poderia esperar.

De fato, o formalismo tributário, enraizado na doutrina brasileira desde a década de 60, recusou-se a abrir espaço para os valores e princípios da nova Constituição. O discurso formal, que antes era o único possível na interlocução com um Estado ditatorial, seguiu cobrando protagonismo – quando não exclusividade – como único legítimo para refletir o Sistema Tributário Nacional.

Muitos autores e autoras, mesmo entre aqueles que começaram a escrever já após 1988, insistiam na tese de que o pilar central do Sistema Tributário Nacional na Constituição Federal seria o princípio da segurança jurídica, e que toda a estrutura da "Constituição Tributária" teria sido desenvolvida para a proteção do contribuinte contra o Estado, em uma visão ultraliberal que, segundo vemos, não estava refletida na Constituição Cidadã.

Esses autores e autoras esqueciam – e esquecem – intencionalmente ou não, que o artigo 3º da Constituição Federal traz os "**objetivos fundamentais** da República Federativa do Brasil", entre os quais "construir uma sociedade livre, justa e solidária" (inciso I), "erradicar a pobreza e a marginalização e reduzir as desigualdades sociais e regionais" (inciso II) e "promover o bem de todos, sem preconceitos de

---

[60] GRECO, Marco Aurélio. Crise do Formalismo no Direito Tributário Brasileiro. In: RODRIGUEZ, José Rodrigo et. al. (Orgs.). *Nas Fronteiras do Formalismo*. São Paulo: Saraiva, 2010. p. 230.

[61] Ver: GRECO, Marco Aurélio. *Planejamento Tributário*. 4 ed. São Paulo: Quartier Latin, 2019. p. 69-75.

origem, raça, sexo, cor, idade e quaisquer outras formas de discriminação" (inciso IV).

Dois autores foram importantíssimos para o desenvolvimento de um Direito Tributário para um Estado Democrático de Direito: Marco Aurélio Greco e Ricardo Lobo Torres. Ambos colocaram em xeque os pontos de partida da doutrina defensora da segurança jurídica acima de qualquer princípio, jogando luz sobre a necessidade de equilíbrio entre segurança jurídica e outros princípios como a isonomia e a capacidade contributiva.

O surgimento de uma nova teoria tributária, mais congruente com os valores e princípios da Constituição Federal de 1988, demorou até ser difundida academicamente. Contudo, atualmente não são poucos os autores e autoras que podem ser considerados representantes da doutrina tributária de um Estado Democrático de Direito,[62] em que o Estado não é um vilão a ser combatido e os contribuintes tampouco são vítimas a serem defendidas em toda e qualquer situação. Aqui, rendo uma homenagem à minha casa, a Universidade do Estado do Rio de Janeiro – UERJ, e ao patrono de nossa Escola, o Professor Ricardo Lobo Torres.

As marcas do Direito na pós modernidade são a complexidade e a ambivalência. A tributação contemporânea é um fenômeno não-binário. Não há mocinhos nem vilões. Há valores e interesses, individuais e coletivos, que devem ser protegidos. Desse modo, visões binárias sobre a realidade dificilmente serão úteis para administrar os desafios da vida no século XXI.

Já fiz esse comentário em alguns eventos. Normalmente, quando inicio uma turma de graduação no curso de Direito da UERJ, começo chamando a atenção dos alunos e alunas para o fato de que o Direito Financeiro e o Direito Tributário não são disciplinas enfadonhas que lidam com regras procedimentais orçamentárias, bases de cálculo e alíquotas.

Muito pelo contrário. Se pensarmos rapidamente nos grandes desafios trazidos pela modernidade, veremos que os Direitos Financeiro e Tributário estão no centro dos debates. Se pensarmos em proteção do meio ambiente, combate à pobreza, superação de desigualdades de

---

[62] Ver: ROCHA, Sergio André. *Fundamentos do Direito Tributário Brasileiro*. 2 ed. Belo Horizonte: Casa do Direito, 2022.

qualquer natureza, etc. as finanças públicas e a tributação estarão sempre entre os protagonistas.

Não obstante, a teoria tributária ainda hoje se encontra dividida entre autores e autoras que consideram o Direito Tributário um instrumento de dominação do contribuinte pelo Estado, de modo que a Constituição Federal seria basicamente uma Carta de defesa dos contribuintes contra a tributação; e aqueles que, como nós, acreditam que o dever tributário é um dever da pessoa enquanto cidadã, de modo que, da mesma maneira que se deve proteger o contribuinte contra exigências em desacordo com o ordenamento jurídico, deve ser do interesse da sociedade que se assegure que os deveres tributários sejam adimplidos.

A Proposta de Emenda Constitucional nº 45 ("PEC 45"), aprovada na Câmara dos Deputados e atualmente em tramitação no Senado Federal, certamente impactará esse debate. O foco de nossa atenção, neste breve texto, é o proposto § 3º do artigo 145 da Constituição Federal, cuja redação é a seguinte:

> "Art. 145. [...]
> § 3º O Sistema Tributário Nacional deve observar os princípios da simplicidade, da transparência, da justiça tributária e do equilíbrio e da defesa do meio ambiente. (NR)"

Caso este dispositivo passe a integrar o texto constitucional, será a primeira vez que este terá uma referência expressa a "princípios" no capítulo dedicado ao Sistema Tributário Nacional.

De fato, por mais que a seção I deste capítulo seja intitulada "Dos princípios gerais", nota-se que a palavra "princípios" nesta expressão não foi utilizada para denotar um tipo de norma jurídica finalística, mas sim em uma acepção vernacular frouxa para se referir a "fundamentos", "pontos de partida estruturantes".

É nesta seção I que encontramos a formulação da capacidade contributiva – que aqui aparece mais como uma regra do que como um princípio, na intrincada redação do § 1º do artigo 145, segundo o qual, "sempre que possível, os impostos terão caráter pessoal e serão graduados segundo a capacidade econômica do contribuinte".

Por outro lado, a seção II do capítulo relativo ao Sistema Tributário Nacional dedica-se às "limitações do poder de tributar" (artigo 150). Ali, temos algumas regras, como as da legalidade, da anterioridade, da irretroatividade, do não confisco e da liberdade de tráfego, que concretizam o princípio da segurança jurídica.

Junto com essas normas de segurança, que concretizam o princípio da segurança jurídica, o artigo 150 também nos traz uma regra de isonomia, materializando o princípio da igualdade e os valores de justiça e solidariedade.

Vê-se, portanto, que os princípios do Direito Tributário, sob a Constituição Federal em sua redação atual, são mais implícitos do que explícitos. Não há um dispositivo estabelecendo que o princípio da segurança jurídica orienta a tributação. A existência deste princípio é inferida de uma série de dispositivos constitucionais que protegem o contribuinte contra a exigência fiscal criada sem o crivo de seus representantes, ou de forma inesperada ou, ainda, que alcance fatos consumados no passado, por exemplo.

Da mesma forma, não há previsão textual, na Constituição, de uma série de outros princípios que informam o Direito Tributário, como os princípios da transparência, da proteção da confiança, da cooperação, da responsabilidade, da tolerância, da praticabilidade, do custo benefício para as taxas, do poluidor pagador, etc.

Nesse contexto, uma primeira questão que surge, ao considerarmos o § 3º proposto para o artigo 145, é a seguinte: faz sentido incluirmos um catálogo limitado de princípios na Constituição Federal, ou seria melhor seguir com a nossa tradição de extrair do texto constitucional os princípios que são mais aderentes aos seus valores e previsões?

Um ponto negativo de termos um catálogo de princípios, como este previsto no § 3º, é a pretensão de exaustividade. Em outras palavras, a ideia de que os princípios tributários seriam só esses expressamente previstos na Constituição.

Essa preocupação seria atendida com uma alteração simples na redação do § 3º, que poderia ser inspirada pelo texto do § 2º do artigo 5º da Constituição Federal, conforme abaixo:

> "Art. 145. [...]
> § 3º **Sem prejuízo de outros decorrentes do regime e dos princípios adotados por esta Constituição**, o Sistema Tributário Nacional deve observar os princípios da simplicidade, da transparência, da justiça tributária e do equilíbrio e da defesa do meio ambiente. (NR)"

Com uma alteração como essas, estaria assegurado o caráter meramente exemplificativo do § 3º do artigo 145, preservando-se o reconhecimento constante de princípios decorrentes do texto constitucional, mesmo daqueles que atualmente sequer conhecemos – basta pensarmos que transparência, praticabilidade e proteção de expectativas legítimas se consolidaram no debate constitucional tributário brasileiro já no século XXI.

Uma questão é deixar claro que esses não são os únicos princípios do Sistema Tributário Nacional – a própria PEC 45 nos brinda com outro, o princípio da neutralidade, no inciso VIII do artigo 156-A. Outra, é examinarmos se os princípios que estão ali mencionados efetivamente são os vetores do Sistema, a ponto de merecerem esse destaque.

O primeiro princípio tratado no § 3º em questão é o da simplicidade. Como temos afirmado, a primeira alteração que proporíamos seria a sua modificação para **praticabilidade**. Este termo tem raiz no Direito Tributário Brasileiro, desde as obras seminais das Professoras Misabel Derzi[63] e Regina Helena Costa.[64] O princípio da praticabilidade estabelece que se materialize um estado de coisas em que a legislação tributária e os deveres fiscais sejam adimplidos e fiscalizados da maneira mais simples possível, tanto para o contribuinte quanto para a administração pública. Cremos que, nesse contexto, praticabilidade e simplicidade sejam sinônimos, preferindo-se, então, o termo com tradição em nosso debate tributário.

O princípio da transparência é um dos grandes pilares dos Direitos Financeiro e Tributário contemporâneos. Sua inclusão no texto constitucional não alterará em nada seu status de princípio da atividade financeira do Estado. Ele estabelece um horizonte em que o contribuinte atuará de forma aberta e transparente perante o Estado, da mesma maneira que este será aberto e transparente em relação às suas funções, não só de administração e fiscalização dos tributos, como também de destinação dos recursos arrecadados. Se é para termos um catálogo de princípios, a transparência certamente deveria ser incluída nele.

Justiça tributária é outro princípio – ou valor – constitucional que já orienta o Sistema Tributário Nacional. Assim como a transparência, são muitas e distintas as suas consequências. Pode-se estabelecer, de forma simplificada, que a justiça tributária demanda que a carga financeira da arrecadação tributária seja distribuída de forma justa entre os cidadãos, que aqueles que manifestem capacidade econômica

---

[63] DERZI, Misabel Abreu Machado. *Direito Tributário, Direito Penal e Tipo*. Belo Horizonte: Editora Fórum, 2021. p. 147-151.

[64] COSTA, Regina Helena. *Praticabilidade e Justiça Tributária*. São Paulo: Malheiros, 2007.

efetivamente recolham os tributos devidos, e que ninguém seja demandado a pagar tributos fora das situações previstas na Constituição e nas leis infraconstitucionais. De toda forma, faz sentido a menção à justiça tributária.

A referência a um princípio do equilíbrio é estranha e pode gerar, segundo vemos, mais dúvidas do que certezas.

Com efeito, temos em Direito Financeiro um princípio, nada pacífico, do equilíbrio orçamentário. Nada obstante, não parece que o § 3º esteja fazendo referência a este princípio. Afinal, não só o artigo 145 da Constituição não lida com Direito Financeiro, como a falta do "orçamentário" deixa a referência a equilíbrio sem sentido.

Portanto, se a ideia era prever explicitamente na Constituição Federal o princípio do equilíbrio orçamentário, cremos ser essencial que se faça referência à sua nomenclatura completa. Por outro lado, se esta era a finalidade, seria mais indicada a sua exclusão, seja porque a noção de equilíbrio orçamentário é amplamente controversa na doutrina atualmente, seja porque o artigo 145 não seria o local ideal para sua inserção.

Não se pode desconsiderar a possibilidade de o tal princípio do equilíbrio ser ainda outra coisa, sem conexão com o equilíbrio orçamentário. Tratando-se de palavra vazia, seria mais uma razão para não incluirmos na Constituição Federal termo sem qualquer referência no Direito Tributário brasileiro.

Por fim, fala-se no princípio da defesa do meio ambiente. Talvez mais do que um princípio, o ideal fosse a inclusão de um dispositivo na Constituição reconhecendo que são legítimas as diferenciações tributárias que tenham por objetivo a proteção do meio ambiente. Uma espécie de legitimação explícita da extrafiscalidade como instrumento de proteção do meio ambiente.

Nesse particular, poder-se-ia ir além, para prever, também de forma explícita, a possibilidade da utilização extrafiscal dos tributos como mecanismo para a superação de desigualdades de gênero e raça.

Seguindo essa linha de ideias, seria possível pensar em um § 4º para o artigo 145, que estabeleceria o seguinte:

"Art. 145. [...]
§ 4º Salvo quando expressamente vedado por esta Constituição, são legítimas as diferenciações tributárias, mediante a concessão de benefícios e de incentivos, ou pela previsão de incidências mais elevadas, que tenham por objetivo a proteção do meio ambiente ou a superação de desigualdades de gênero e raça."

Com isso, poderíamos excluir do § 3º a menção ao suposto "princípio da proteção do meio ambiente", que não parece ser um princípio específico do Sistema Tributário Nacional.

Além desses comentários sobre os princípios que foram previstos no § 3º, temos que lidar também com as ausências.

De fato, se é para termos um catálogo de princípios na Constituição Federal, entendemos que os princípios da segurança jurídica, da igualdade e da capacidade contribuitiva não podem faltar.

Como vimos anteriormente, não há, no capítulo do Sistema Tributário Nacional, uma referência ao princípio da segurança jurídica. Ele é inferido de diversas regras ali contidas. Agora, se vamos ter uma lista de princípios, a segurança jurídica não poderia estar ausente.

A igualdade e a capacidade contributiva até estão, de alguma forma, previstas na Constituição. Porém, a igualdade está prevista mais como regra do que como princípio no inciso II do artigo 150, e a capacidade contributiva decorre do texto confuso do § 1º do artigo 145, que gera grandes controvérsias doutrinárias e jurisprudenciais. Logo, parece-nos adequada sua previsão expressa no novo § 3º do artigo 145.

Tendo em conta esses comentários, o artigo 145 passaria a incluir os §§ 3º e 4º, conforme sugeridos abaixo:

> "Art. 145. [...]
> § 3º Sem prejuízo de outros decorrentes do regime e dos princípios adotados por esta Constituição, o Sistema Tributário Nacional deve observar os princípios da segurança jurídica, da igualdade, da capacidade contributiva, da justiça tributária, da praticabilidade e da transparência.
> § 4º Salvo quando expressamente vedado por esta Constituição, são legítimas as diferenciações tributárias, mediante a concessão de benefícios e de incentivos ou a previsão de incidências mais elevadas, que tenham por objetivo a proteção do meio ambiente ou a superação de desigualdades de gênero e raça."

Ficam aqui algumas sugestões para a melhoria do texto da PEC 45 que tramita no Senado Federal. Nas colunas seguintes voltaremos a tratar de questões específicas relacionadas à reforma tributária.

25. REFORMA TRIBUTÁRIA E O CHAMADO IMPOSTO SELETIVO (2023)

Um dos temas da Proposta de Emenda Constitucional nº 45 ("PEC 45") que tem gerado grandes discussões é a instituição do dito Imposto Seletivo, previsto no novo inciso VIII do artigo 153 da Constituição Federal, que estabelece a competência da União Federal para instituir imposto sobre a "produção, comercialização ou importação de bens e serviços prejudiciais à saúde ou ao meio ambiente, nos termos da lei".

Neste artigo analisaremos algumas das principais controvérsias a respeito deste novo imposto, a começar pela referência que tem sido a ele feita como "Imposto Seletivo".

IMPOSTO SELETIVO OU EXTRAFISCAL?

Em minha produção teórica tenho preferido dar mais atenção à substância dos fenômenos jurídicos do que à sua nomenclatura. Isso não quer dizer, contudo, que os conceitos jurídicos sejam irrelevantes, ou que não devamos, ao nos referirmos às realidades jurídicas buscar conceituá-las da forma mais precisa possível.

Na experiência brasileira, a seletividade tem sido utilizada como uma técnica legislativa dos tributos sobre o consumo que procura diferenciar a incidência sobre contribuintes com base no tipo de consumo, mais ou menos essencial. Diante da dificuldade que esses tributos apresentam para a utilização da capacidade contributiva como critério de diferenciação e alocação da carga tributária, a essencialidade é usada como método de diferenciação.

O imposto incluído no inciso VIII do artigo 153 não é seletivo nesse sentido, até porque a seletividade é um critério comparativo entre consumos em função de sua essencialidade, e o novo imposto tem como referência não a essencialidade, mas o caráter prejudicial à saúde ou ao meio ambiente. É possível, inclusive, que se tenha um consumo essencial que seja, ao mesmo tempo, prejudicial ao meio ambiente, por exemplo.

Em tese, seria possível cogitar de uma seletividade baseada não na essencialidade do consumo, mas nas externalidades negativas dos bens ou serviços. Contudo, ainda assim, parece-nos estranho pensar em um imposto em si seletivo, já que, como apontamos, vemos a seletividade como um critério de diferenciação dentro do tributo.

Portanto, acreditamos que estamos, em verdade, diante de um **Imposto Extrafiscal**, de finalidade indutora, que visa utilizar a tributação de forma regulatória, com foco em bens e serviços prejudiciais à saúde e ao meio ambiente. Inclusive, esta caracterização faz mais sentido quando pensamos no regime especial proposto para este tributo, no que se refere às regras da legalidade e da anterioridade.

De todo modo, como se tem chamado este imposto de "Imposto Seletivo" ("IS"), no resto deste texto seguiremos utilizando esta nomenclatura.

IMPOSTO QUE NÃO PODE ARRECADAR?

Uma das críticas que têm sido feitas ao IS é que ele tem uma materialidade muito ampla e poderia, portanto, ser utilizado "para fins arrecadatórios".

Ora, como temos sustentado, arrecadar recursos para os cofres públicos é função inerente a qualquer imposto, mesmo aqueles que têm objetivos extrafiscais. Um imposto que não arrecada é uma contradição de termos. Consequentemente, não vemos qualquer problema em que o IS venha a ser utilizado "para fins arrecadatórios", como se diz no discurso público. Como já defendemos, analisando o IPI:

> "Com isso, queremos dizer que o IPI e o Imposto de Renda não são diferentes entre si no que se refere ao seu papel fiscal. Não há nada na Constituição Federal que estabeleça que o IPI deva ser utilizado, principalmente, para fins extrafiscais, ou que ele tenha um papel arrecadatório secundário.

A Lei Maior apenas estabeleceu um regime específico — para o IPI, o II, o IE e o IOF — que permite que sejam utilizados **também** para outros fins. Contudo, esse fato não lhes retira a função fiscal — nem mesmo significa que haja — de uma perspectiva constitucional — uma primazia de sua função extrafiscal."[65]

Por outro lado, conforme mencionamos e analisaremos adiante, o IS estaria sujeito ao regime próprio dos impostos regulatórios. Segundo a PEC 45, ele estaria entre os impostos não sujeitos à regra da anterioridade e cuja legalidade é mitigada.[66] Esse regime especial somente deveria ser aplicado nas situações nas quais o IS seja utilizado em sua finalidade extrafiscal. Nada obstante, não vemos qualquer óbice a que este novo imposto venha a ser usado para aumento de arrecadação, caso seja necessário. Neste caso, o aumento deveria ser aprovado por lei, com a observância da regra da anterioridade.

O IMPOSTO SELETIVO É MESMO NECESSÁRIO?

A PEC 45, em sua versão original, tinha como premissa uma neutralidade plena da tributação de bens – inclusive intangíveis – e serviços, os quais seriam, todos, sujeitos à mesma incidência, sem exceções ou benefícios fiscais. No contexto desse modelo de neutralidade absoluta, o IS tinha um papel. Pode ser, inclusive, que venha daí sua denominação de Imposto Seletivo. Afinal, ele serviria para estabelecer alguma diferenciação no âmbito do próprio Imposto Sobre Bens e Serviços ("IBS") que, em sua proposta inicial, seria completamente neutro.

Sobreveio a Proposta de Emenda Constitucional nº 110 ("PEC 110") e a neutralidade do IBS sofreu a sua primeira mitigação, com a previsão de tratamento diferenciado para alguns setores como, por exemplo, alimentos, saúde e educação.

A PEC 45, na forma aprovada pela Câmara dos Deputados, implodiu a neutralidade pretendida para o IBS, com a criação de diversas exceções e possibilidades de regimes diferenciados favorecidos.

---

[65] ROCHA, Sergio André. *Fundamentos do Direito Tributário Brasileiro*. Belo Horizonte: Casa do Direito, 2022. p. 114-115.

[66] Nos referimos, aqui, à possibilidade de modificação das alíquotas destes tributos por meio de decreto, atendidas condições e limites estabelecidos em lei (artigo 153, § 1º, da Constituição Federal) e ao regime especial de eficácia das mudanças legislativas que agravam a situação dos contribuintes, conforme previsto no § 1º do artigo 150 da Constituição Federal.

Ora, nesse contexto, em que o ideal de neutralidade plena do IBS já foi abandonado, não vemos razão para que a incidência diferenciada para bens e serviços com externalidades negativas relacionadas à saúde e ao meio ambiente não seja feita no âmbito do próprio IBS.[67]

Com efeito, se foi possível a criação de diversos regimes favorecidos, parece-nos que o modelo conviveria, sem maiores crises de identidade, com regimes desfavorecidos, em que a incidência seria mais gravosa.

O debate que se colocaria, aqui, é o da simplicidade, que é uma das pautas axiológicas da reforma. O que é mais simples, criar exceções bem delimitadas no próprio IBS, de modo que este possa incidir com alíquotas mais elevadas sobre bens e serviços prejudiciais à saúde e ao meio ambiente, ou criar um imposto novo, que incidiria em paralelo aos demais, gerando toda uma carga de administração tributária, compliance e, futuramente, contencioso?

Esta pergunta pode ter respostas diferentes, a depender da visão do interlocutor. Pessoas com uma visão mais neutra do IVA podem ter dificuldade em aceitar que ele seja marcado por mais exceções. Por outro lado, há um grande desconforto com o novo IS e com a amplitude da competência que o inciso VIII, do artigo 153, conforme a PEC 45, outorga à União Federal, de modo que provavelmente haverá quem prefira um sistema tributário em que o IS não exista.

Mantida a opção do legislador brasileiro pela neutralidade mitigada do IBS, tendo a crer que o melhor caminho seria a eliminação do IS e a tributação mais elevada de bens – inclusive intangíveis – e serviços danosos à saúde e ao meio ambiente por meio do próprio IBS. Por outro lado, caso o direcionamento do debate no Senado Federal seja pela eliminação de exceções e maior neutralidade do IBS, talvez faça mais sentido mesmo a manutenção do IS como um tributo independente.

EXCEÇÃO ÀS REGRAS DA ANTERIORIDADE E DA LEGALIDADE

A PEC 45 altera o § 1º do artigo 150, para estabelecer que o IS será uma exceção à regra da anterioridade do exercício financeiro, da mesma maneira que modifica o § 1º do artigo 153 para prever que suas alíquotas possam ser alteradas por ato do Poder Executivo, juntando-se, portanto, aos

---

[67] Ao nos referirmos ao IBS estamos considerando, igualmente, a Contribuição sobre Bens e Serviços.

demais impostos da União Federal que têm na extrafiscalidade regulatória uma de suas funções (é o caso do Imposto de Importação – II, do Imposto de Exportação – IE, do Imposto sobre Produtos Industrializados – IPI e do Imposto sobre Operações Financeiras – IOF).

Aqui, cremos ser importante considerar a seguinte questão: O que legitima tal regime? O caráter marcadamente extrafiscal que justifica o regime constitucional diferenciado do II, do IE, do IPI e do IOF, ou o tipo de intervenção regulatória que se pretende com esses impostos?

Parece-nos que há respostas distintas para essa pergunta, considerando a anterioridade e a legalidade.

Em relação à regra da anterioridade, cremos que não é a extrafiscalidade em si que legitima o tratamento excepcional, mas sim o tipo de regulação a que se prestam esses impostos, que requerem iniciativas urgentes de intervenção econômica, monetária, de comércio exterior etc., as quais não podem esperar para ser implementadas.

Seguindo essa linha de considerações, e tendo em conta os objetivos do IS, não vemos, na regulação de bens e serviços prejudiciais à saúde e ao meio ambiente urgência regulatória que impossibilite que sua modificação respeite de forma integral a regra da anterioridade.

Por outro lado, em relação à regra da legalidade, uma vez que, segundo a própria redação do § 1º do artigo 153, a alteração das alíquotas do IS por ato do Poder Executivo se daria atendidas as condições e limites estabelecidos em lei, não vemos maiores problemas na alteração das alíquotas do IS por meio de ato do Poder Executivo. Essa posição está alinhada à nossa visão sobre a possibilidade de delegação de competências em matéria tributária, a qual, segundo vemos, não encontra restrições na Constituição Federal.

Portanto, de modo a compatibilizar o IS com o princípio da segurança jurídica, cremos que o ideal seria a manutenção do IS entre as exceções à regra da legalidade, no § 1º do artigo 153, mas a exclusão da referência ao IS no § 1º do artigo 150, aplicando-se a este imposto, integralmente, a regra da anterioridade.

Em linha com o que defendemos anteriormente, seria importante a inclusão de dispositivo, tanto no artigo 150 quando no artigo 153, prevendo que esse regime excepcional do IS – e dos demais tributos regulatórios – somente seria aplicável nas situações em que sua alteração fosse motivada – expressamente – pelas razões extrafiscais previstas em lei.

A MATERIALIDADE CONSTITUCIONAL DO IS

Como já mencionamos, o IS pode incidir sobre a "produção, comercialização ou importação de bens e serviços prejudiciais à saúde ou ao meio ambiente, nos termos da lei".

A redação proposta para o inciso VIII do artigo 153 da Constituição Federal poderia ser mais clara em alguns aspectos.

Em primeiro lugar, o imposto pode incidir sobre a produção, a comercialização e a importação. A referência à produção e importação de um lado, e à comercialização de outro, gera desconforto por possibilitar a incidência do IS em cadeia, de modo que se poderia ter um imposto cumulativo a onerar a cadeia de circulação de determinados bens e serviços. Pode-se argumentar que não é essa a intenção, porém, a questão não é o que se pretende, mas o que o texto permite que se faça.

De outra parte, o imposto pode incidir sobre bens e serviços. Ora, serviços podem ser importados, mas não se diz, usualmente, que eles são produzidos ou comercializados. Portanto, seria mais adequado se fazer referência, neste inciso VIII, à prestação como uma das atividades tributáveis pelo IS.

Ademais, diferentemente do que ocorre em relação ao IBS, que expressamente prevê que o conceito de bens inclui intangíveis, inclusive direitos, o IS parece um imposto do século XXI que tem como referencial a economia industrial do século XX. O futuro – talvez já o presente – é dos intangíveis. Se é mais difícil antever a possibilidade de intangíveis que sejam danosos ao meio ambiente – embora seja surpreendente o que não conseguimos prever – certamente intangíveis danosos à saúde já são uma realidade.

Portanto, parece-nos estranho limitar o IS a atividades com bens tangíveis e com serviços. A mesma lógica de neutralidade que pauta o IBS deveria, de alguma maneira, ser utilizada no IS, no sentido de que ele possa incidir sobre quaisquer bens – mesmo que intangíveis – ou serviços prejudiciais à saúde e ao meio ambiente.

De toda forma, há um aspecto final, que talvez seja o mais complexo de todos, que é a abrangência da finalidade que legitima a instituição do IS: tributar bens e serviços **prejudiciais** à saúde ou ao meio ambiente.

A amplitude potencial dessa expressão é inegável. Afinal, quase tudo que consumimos de brinquedos infantis, passando por cadernos escolares e computadores, a veículos automotores têm externalidades ambientais negativas. Da mesma forma, muitos dos alimentos que consumimos geram danos à saúde. Portanto, as possibilidades de incidência do IS são bastante amplas.

A questão que se coloca, então, é se a amplitude da materialidade do IS seria, em si, um problema.

De um lado, há, no Brasil, essa tradição constitucional de delimitação de competências tributárias na Constituição Federal. Contudo, reconhece-se que esta está longe de ser uma prática em termos globais. Nesse particular, somos a exceção, não a regra.

A PEC 45, ao prever uma materialidade ampla para o IS está delegando ao Poder Legislativo a competência para definir seus contornos, como, de resto, deveria se passar com os demais tributos. A patologia é o alto grau de detalhamento constitucional, que nos legou esse contencioso tributário monumental, e não a amplitude atribuída no caso do IS.

Assim sendo, nesse particular a abertura textual do inciso VIII do artigo 153, conforme proposto pela PEC 45, pode ser acolhida como uma mudança de paradigma, deixando de lado a perspectiva de hipercristalização de materialidades da Constituição, em prestígio à competência do legislador infraconstitucional em matéria tributária.

Se a materialidade prevista no inciso VIII do artigo 153 é bastante abrangente, o fato é que a própria PEC 45 traz dispositivos que podem podá-la para além do que se pretendia com o IS.

Com efeito, o artigo 9º da PEC 45 lista, em seu § 1º, os bens e serviços que terão alíquotas reduzidas do IBS e da Contribuição sobre Bens e Serviços ("CBS"), entre os quais encontramos no inciso VII, os "alimentos destinados ao consumo humano". Por sua vez, o § 9 deste mesmo artigo 9º estabelece que o IS não incidirá sobre bens e serviços que tenham tido a alíquota reduzida. Conjugando-se esses dois parágrafos, temos que o IS não pode incidir sobre alimentos destinados ao consumo humano.

Ora, o que são alimentos destinados ao consumo humano? Bebidas são alimentos? Vinho é um alimento destinado ao consumo humano? É possível que a PEC 45 esteja, ela mesma, mutilando o IS em relação a bens que se pretenderia alcançados pelo novo imposto.

IS E A ZONA FRANCA DE MANAUS

O regime fiscal da Zona Franca de Manaus tem razões político-econômicas que não nos cabe rever neste artigo. Contudo, há um aspecto específico que temos que comentar.

Segundo a redação proposta para o § 1º do artigo 92-B do Ato das Disposições Constitucionais Transitórias, o IS poderia ter sua incidência ampliada, "para alcançar a produção, comercialização ou importação de bens que também tenham industrialização na Zona Franca de Manaus ou nas Áreas de Livre Comércio referidas no caput, garantido tratamento favorecido às operações originadas nessas áreas incentivadas".

Percebe-se que o que este dispositivo faz é atribuir ao IS uma função indutora completamente desconectada das finalidades previstas no inciso VIII do artigo 153 da Constituição Federal.

Não há dúvidas de que uma tributação completamente neutra não é factível. Contudo, regras como a que ora examinamos podem gerar distorções e induções às atividades econômicas que não se justificam. A manutenção do regime fiscal da Zona Franca de Manaus, se é mesmo um objetivo legítimo e justificável, não deveria ser feita às custas da se distorcer a estrutura constitucional do IS.

ENTRE A INTENÇÃO E AS POSSIBILIDADES INTERPRETATIVAS DO TEXTO

Como mencionamos logo no início deste breve artigo, há uma série de preocupações e dúvidas em torno do IS. Normalmente, quando se leva algumas dessas críticas à equipe responsável pelo desenho da reforma tributária, escuta-se que os objetivos não são de utilização do novo imposto com fins arrecadatórios e que ele será bem delimitado na sua lei instituidora.

Contudo, a questão que se deve considerar é que a preocupação não é, necessariamente, com as intenções da equipe econômica atual, ou com a lei que instituirá o IS pela primeira vez. Uma vez que a competência tenha sido inserida na Constituição Federal, e imaginando-se que se pretende que os dispositivos constitucionais tenham alguma perenidade, não há qualquer garantia sobre como ela será utilizada pelo legislador do futuro. Quem pode prever o contexto brasileiro e mundial em 10 anos ou em 20 anos?

É impossível garantir como a competência para a instituição do IS será exercida no futuro. Assim sendo, é demasiado importante que algumas as premissas que estão pautando a criação deste novo imposto sejam debatidas de forma transparente neste momento, para que os ideais de neutralidade e simplicidade, que pautam a reforma tributária, não possam ser atropelados adiante.

26. DA TEORIA AO FATO: REORIENTANDO OS DEBATES SOBRE OS LIMITES DO PLANEJAMENTO TRIBUTÁRIO (2023)

Um dos temas tributários que desperta debates mais acalorados é o planejamento tributário ou, mais especificamente, os seus limites. Muitas vezes tenho a impressão de que a maioria dos especialistas em tributação que lidam com esta matéria, seja profissionalmente, seja academicamente, acreditam que existem dois grupos que defendem posições absolutamente opostas: um primeiro que defenderia um direito fundamental à economia tributária e, portanto, sustentaria uma liberdade absoluta do contribuinte de praticar atos e negócios jurídicos lícitos com a finalidade de deixar de pagar, reduzir ou postergar o dever tributário, desde que antes da ocorrência do fato gerador; e um segundo grupo que defenderia a existência de um dever fundamental de pagar tributos e, consequentemente, a existência de limites ao planejamento tributário legítimo.

Uma classificação binária como esta é, sem a menor sombra de dúvidas, redutora das complexidades e particularidades das diversas teorias sobre os limites do planejamento tributário que buscam protagonismo nos debates nacionais. Esse reducionismo binário, tão ao gosto de alguns setores da literatura tributária brasileira, mostra-se simplesmente incorreto e mal representa a realidade.

Tenho sustentado que o debate sobre o planejamento tributário tem sido obscurecido pela interposição de uma camada de teórica – ideológica, axiológica e principiológica – que desloca a discussão da realidade fática para questões teórico-abstratas, criando falsas controvérsias.[68]

Comecei minha carreira na área tributária em 1998, em uma empresa de auditoria das então chamadas "Big 5". Ainda como um assistente, dando os primeiros passos na tributação, fui apresentado à operação que hoje conhecemos como "casa e separa". Em um resumo ultrasimplificado, o que se passa em um "casa e separa" é que, ao invés de realizar uma compra e venda de uma participação societária, que geraria um ganho de capital tributável, realizam-se uma série de atos societários que fazem com que a empresa compradora vire sócia da empresa vendedora, aportando o preço como aumento de capital, para, no instante seguinte, deixar a sociedade com o ativo que seria objeto da venda, que em casos concretos poderia ter valor patrimonial centenas de vezes inferior ao montante aportado. Tudo isso, naquele meu período de tributarista iniciante, acontecia no mesmo dia. Então, de manhã um investidor aportava R$ 1 bilhão na empresa para, ao fim do dia, após uma cisão, sair com uma participação societária de R$ 100 mil de valor patrimonial. Era como se fazia a compra e venda de participações societárias na década de 90.

Nos primeiros anos dos anos 2000 o "casa e separa" foi se tornando um "planejamento tributário" proscrito. Me recordo que, em 2005, estava trabalhando com um grande grupo alemão na aquisição de uma empresa em São Paulo. O vendedor brasileiro propôs ao comprador fazer um "casa e separa". Meu cliente reagiu indignado. Como poderia confiar na empresa brasileira se tinham a coragem de apresentar uma estrutura tão evidentemente ilegítima para estruturar a operação? Atualmente, qualquer empresa brasileira de grande porte teria a mesma reação e dificilmente um consultor tributário apresentaria um "casa e separa" como uma alternativa válida de economia de tributos. Nessa

---

[68] Como já observamos, "o problema fulcral no debate sobre o planejamento tributário é uma preocupação excessiva com divergências de fundo axiológico. Quando se fala em solidariedade, justiça, segurança, dever fundamental de contribuir, iniciam-se discussões de fundo ideológico que opõem leituras completamente distintas da Constituição. Contudo, ao se deixar o plano principiológico constitucional para analisar os casos concretos, percebe-se que certamente existem diferenças entre os autores, contudo, elas são menos marcantes do que se imagina" (ROCHA, Sergio André. Para que Serve o Parágrafo Único do Artigo 116 do CTN Afinal? In: GODOI, Marciano Seabra de; ROCHA, Sergio André (Coords.). *Planejamento Tributário: Limites e Desafios Concretos*. Belo Horizonte: Editora D'Plácido, 2018. p. 498).

mais de uma década houve, certamente, uma mudança na mentalidade tributária brasileira sobre os limites do planejamento tributário.

Quantos autores, hoje, independentemente da sua filiação teórica a correntes de segurança jurídica ou de justiça/solidariedade, defenderiam um "casa e separa" com todos os atos societários praticados no mesmo dia como uma forma planejamento tributário legítimo? Quantos diriam que está contido nos limites do direito fundamental à economia tributária? Muitos autores que são ferrenhos defensores da proteção em grau máximo da segurança jurídica dos contribuintes traçariam uma fronteira pra dizer que, neste caso, estaríamos diante de uma simulação e, portanto, de uma forma ilegítima de planejamento tributário.

Como no "casa e separa", há diversos outros exemplos entre os casos que são objeto de autuações fiscais e chegam ao Conselho Administrativo de Recursos Fiscais para julgamento, de situações onde a maioria dos especialistas em tributação concordariam com a desconsideração dos atos e negócios jurídicos praticados pelos contribuintes pelas autoridades fiscais.

A mesma situação é verificada em casos concretos de planejamento tributário legítimo. Quem duvida que a segregação de pessoas jurídicas, quando há linhas de negócio, atividades e infraestruturas independentes, ou seja, quando realmente existem duas empresas, é válida mesmo que tenha como consequência a redução da carga tributária?

Ao participar do VII Congresso Brasileiro de Direito Tributário Internacional, organizado pelo Instituto Brasileiro de Direito Tributário, causei alguma controvérsia ao dizer que o tributarista médio brasileiro tem um raciocínio conceitual que reduz os problemas tributários a questões relacionadas a conceitos e definições. Naturalmente que:

- esta crítica não tinha nenhum caráter ofensivo, não tendo se tratado de uma análise qualitativa do pensamento defendido por este ou aquele autor; e
- que a crítica não pode ser compreendida como uma rebelião contra os conceitos, devendo ser vista como um reconhecimento de que, não raro, enquanto estamos debatendo conceitos, a realidade já está a anos luz de nossa retórica. É o que se passa na questão do planejamento tributário.

De fato, autores podem passar páginas e mais páginas, congressos, seminários e conferências divergindo sobre o conceito de abuso de direito, ou se este é um critério válido para fundamentar a desconsideração e requalificação de atos ou negócios jurídicos privados pelas autoridades fiscais. Quando o debate se centra nessas questões conceituais as divergências parecem ser irreconciliáveis. Contudo, diante de um caso concreto, como um "casa e separa" implementado em um dia, as questões conceituais são irrelevantes. No fundo a questão é: é uma forma legítima de economia tributária? Ou estaríamos diante de uma simulação?

Em outras palavras, a discussão sobre conceitos é incapaz de avançar na construção de um sistema de controle de planejamentos tributários ilegítimos.[69] Muito mais produtivo seria o estudo sobre casos concretos, na busca pela determinação de critérios que separam planejamentos tributários legítimos de planejamentos tributários ilegítimos, independentemente do nome atribuído ao critério jurídico de ilegitimidade – se simulação, abuso de direito, fraude à lei, abuso de formas jurídicas, etc.

Estou cada vez mais convencido de que boa parte do debate sobre planejamento tributário está viciado por pontos de partida equivocados. Os casos concretos não se resolvem a partir da afirmação do direito fundamental de economia tributária ou do dever fundamental de contribuir. É hora de se atribuir maior relevância às situações concretas do que aos debates conceituais e teóricos.[70]

---

[69] Já pontuamos, em outro estudo, que "o debate sobre o planejamento tributário calcado em questões axiológicas e princípios, de um lado, e na suposta monossemia de conceitos como simulação, abuso de direito, fraude à lei e abuso de forma, de outro, gerou uma verdadeira Torre de Babel tributária em que cada um fala sua língua e, o que é pior, com pretensões de universalidade, como se o **seu conceito** fosse, ou devesse ser, 'o conceito'" (ROCHA, Sergio André. *Planejamento Tributário na Obra de Marco Aurélio Greco*. 2 ed. Rio de Janeiro: Lumen Juris, 2022. p. 112).

[70] Trazendo, aqui, nossa conclusão em outro texto: "[...] o debate sobre planejamento tributário calcado exclusivamente em aspectos axiológicos e principiológicos se esgotou. Não ajuda em nada à solução das controvérsias reais entre Fisco e contribuintes e alimenta uma secção doutrinária irreal. Já é passada a hora de entendermos o que pensa a doutrina Brasileira diante de casos concretos. Não se duvide que a questão central do planejamento tributário **não é a interpretação da legislação tributária, é a análise dos fatos praticados pelo contribuinte**. Assim, enquanto o foco da literatura estiver exclusivamente nos princípios e regras, estaremos condenados a replicar as lições que já eram enunciadas por Sampaio Dória e Amílcar de Araújo Falcão décadas atrás" (ROCHA, Sergio André. Para que Serve o Parágrafo Único do Artigo 116 do CTN Afinal? In: GODOI, Marciano Seabra de; ROCHA, Sergio André (Coords.). *Planejamento Tributário: Limites e Desafios Concretos*. Belo Horizonte: Editora D'Plácido, 2018. p. 510).

O que estamos sugerindo é que, antes de professar a filiação a alguma corrente absoluta pró ou contra planejamento, qualquer estudioso do Direito Tributário deve testar suas convicções diante de casos concretos, sendo que o tal "casa e separa" é certamente um bom ponto de partida. Se, ao rever um "casa e separa", onde nenhum ato formalmente ilícito é praticado, a conclusão for no sentido de que seria legítima a tributação do ganho de capital que foi formalmente afastado pela série de atos societários praticados no mesmo dia, a posição de que há limites à economia tributária além da legalidade dos atos e da anterioridade do fato gerador se imporá. É claro que este é um exemplo extremo, mas é um bom começo.

Percebe-se, portanto, que a defesa do direito fundamental à economia tributária ou do dever fundamental de contribuir, sem o estudo dos critérios concretos de legitimidade do planejamento tributário, salvo em suas versões extremadas – a legitimidade de qualquer ato lício e anterior ao fato gerador como forma de economia fiscal legítima, com uma versão limitadíssima de simulação, de um lado; e a legitimidade da tributação por analogia, do outro – são posições vazias. Não conheço nenhum autor que negue o direito do contribuinte de pagar menos tributos de forma legítima. A questão está em saber quais são os limites da legitimidade.[71]

A discussão sobre os conceitos fundamentais que desafiam o tributarista é certamente relevante, e nada neste breve estudo sugere que devamos abandonar os debates conceituais por completo. Nada obstante, temos que reconhecer que, em alguns casos, o foco nos conceitos nos desvia dos verdadeiros problemas enfrentados pelos contribuintes. Isso é certamente o que se passa no planejamento tributário, onde nossos debates sobre a filosofia do planejamento tributário certamente tem deixado de lado o estudo dos limites concretos da liberdade do contribuinte de economizar tributos.

---

[71] Ver: ROCHA, Sergio André. *Planejamento Tributario e Liberdade Não Simulada*. 2 ed. Belo Horizonte: Casa do Direito, 2022. p. 17-18.

27. REFORMA TRIBUTÁRIA E OPORTUNIDADES PERDIDAS: O CASO DAS CIDES (2023)

Estamos há mais de quatro anos imersos nos debates sobre a última onda de reforma tributária. A esta altura, tudo indica que em breve o Senado Federal votará e – provavelmente – aprovará a sua versão da Proposta de Emenda Constitucional nº 45 (PEC 45). Projetando o momento pós-aprovação das mudanças propostas para a Constituição Federal, acreditamos que provavelmente identificaremos avanços, retrocessos, novos problemas, soluções não antecipadas e oportunidades perdidas. O foco deste breve texto será uma oportunidade perdida.

Um dos tributos mais disfuncionais previstos na Constituição são as chamadas Contribuições de Intervenção no Domínio Econômico, as CIDEs, estabelecidas em seu artigo 149. Dizemos que elas são disfuncionais porque, no cenário atual, as CIDEs podem ter basicamente qualquer fato gerador e buscar qualquer finalidade.

Ao analisarmos o texto do referido artigo 149, notaremos que ele nada diz sobre os fatos geradores possíveis das CIDEs. Da mesma forma, este dispositivo é absolutamente silente sobre quais finalidades legitimariam a instituição de tais contribuições.

Sabemos que o Código Tributário Nacional (CTN) foi elaborado tendo como premissa a suficiência do estudo do fato gerador para a definição da natureza do tributo. É o que se infere do artigo 4º do Código, segundo o qual "a natureza jurídica específica do tributo é determinada pelo fato gerador da respectiva obrigação".

O critério do fato gerador é completamente inadequado para a caracterização das CIDEs, já que essas contribuições podem eleger qualquer comportamento como aspecto material de suas hipóteses de incidência.

As CIDEs são um dos exemplos do que Marco Aurélio Greco chama de "regulação finalística", como observa este autor, ao examinar as mudanças que colocaram em xeque uma visão causalista da incidência tributária:

> "Outra mudança resulta no fato de que passou a ser dada relevância, não tanto à causa dos fenômenos mas, fundamentalmente, aos fins visados com a conduta exigida. Esta é uma característica que afeta diretamente a figura das contribuições. Elas são exigências em que o fim assume relevância maior do que a causa (=fato gerador). Quando a Constituição atribui a competência à União para instituir contribuição de intervenção no domínio econômico, contribuições sociais ou no interesse de categorias profissionais, não está enumerando fatos geradores (materialidades de hipóteses de incidência), mas qualificando fins a serem buscados com a sua instituição". (GRECO, Marco Aurélio. *Contribuições (uma figura "sui generis")*. São Paulo: Dialética, 2000. p. 37-38).

A legitimação finalística demanda dos órgãos de controle, notadamente do Poder Judiciário, critérios de análise de constitucionalidade e legitimidade que eles não estão acostumados a manejar. Afinal, não se trata de debater materialidades conceituais constitucionais, previstas em regras de competência, nem hipóteses de incidência descritas na lei. A análise da compatibilidade constitucional de contribuições interventivas, por exemplo, vai demandar um estudo de meios e fins, sem o qual muito pouco é possível se dizer sobre o tema.

Diante da flexibilidade constitucional das CIDEs, coube à doutrina elaborar balizas que pautassem a sua instituição. Marco Aurélio Greco, por exemplo, trouxe algumas, ao sustentar que:

- a intervenção econômica da União Federal deveria circunscrever-se a setores específicos, sendo que os sujeitos passivos da contribuição somente poderiam ser aqueles integrantes de tais setores;
- os perfis da intervenção econômica devem ser inferidos da própria Constituição Federal;
- sendo tributos relacionados a um fim, os princípios da razoabilidade e da proporcionalidade deveriam sempre ser considerados;
- consequentemente, deve haver um motivo para que haja a intervenção pública no domínio econômico;

- não poderia haver a sobreposição de CIDEs com a mesma finalidade;
- os valores arrecadados com a contribuição devem ser aplicados na finalidade que legitimou a sua instituição e devem ser proporcionais aos gastos públicos demandados pela mesma;
- a aplicação de tais receitas deve favorecer o grupo de contribuintes, etc. (GRECO, Marco Aurélio. Contribuição de Intervenção no Domínio Econômico – Parâmetros para sua Criação. In: GRECO, Marco Aurélio (Coord.). *Contribuição de Intervenção no Domínio Econômico e Figuras Afins*. São Paulo: Dialética, 2001. p. 11-31.)

Essa construção doutrinária, que daria maior racionalidade às CIDEs, nem sempre é seguida pelo Poder Judiciário, identificando-se uma certa leniência com a instituição de contribuições interventivas com fins obscuros, ou descasados o fato gerador e grupo de contribuintes respectivo.

Falta às CIDEs, bem como a outras contribuições, um marco legal bem definido. Como à época em que o CTN foi editado as contribuições não tinham a mesma relevância que possuem hoje no Sistema Tributário Nacional, o Código simplesmente não as disciplinou. Essa falta de normas gerais tem reflexos negativos não apenas sobre as contribuições de intervenção, mas em relação às contribuições em geral.

Por outro lado, a falta de um regime jurídico bem definido na Constituição ou no CTN para as contribuições, aliada ao planejamento financeiro da União Federal para frustrar as regras de repartição de receitas tributárias, turbinado pela patologia que é a Desvinculação de Receitas da União (DRU) – artigo 76 do ADCT – levou à proliferação das contribuições em geral, inclusive das CIDEs.

No auge da pandemia, por exemplo, muitas das iniciativas voltadas ao incremento de receitas tributárias referiram-se à criação de novas contribuições de intervenção, a maioria voltada para o setor de tecnologia.

Atualmente, o Supremo Tribunal Federal tem uma grande chance de colocar alguma ordem nessa matéria, no julgamento do tema 914 da Repercussão Geral, que trata da "constitucionalidade da Contribuição de Intervenção no Domínio Econômico - CIDE sobre remessas ao exterior, instituída pela Lei 10.168/2000, posteriormente alterada pela Lei 10.332/2001". Esta contribuição, se em sua formatação original poderia até ser constitucional, certamente se tornou inconstitucional com as alterações promovidas pela Lei nº 10.332/2001. (Ver: GRECO, Marco Aurélio; ROCHA, Sergio André et. al. *Manual de Direito Tributário Internacional*. São Paulo: Dialética, 2012. p. 421-422).

É assustador que, em 2023, estejamos debatendo sobre a (in)constitucionalidade de um tributo instituído em 2000 e alterado em 2001, mais de 20 anos atrás.

Feitos esses breves comentários, voltamos ao título deste artigo. Tanto tem se falado sobre simplicidade e segurança jurídica e, ainda assim, a reforma tributária, em sua atual versão, mantém na Constituição Federal uma porta aberta para a instituição de uma espécie tributária que traduz tudo, menos previsibilidade e estabilidade.

Nesse sentido, poderiam ser adotados dois caminhos para aumentar a segurança jurídica no caso das CIDEs. Um primeiro, mais radical, seria simplesmente a eliminação da competência da União Federal para a instituição dessas contribuições.

Com efeito, a União já possui a competência residual para a instituição de novos impostos que integrariam o esquema de repartição de receitas tributárias, e não nos parece que este verdadeiro "cheque em branco", que são as contribuições interventivas, seja necessário como uma forma de financiamento do gasto público federal. O que se perde com a falta de regime jurídico é mais do que o que se ganha atribuindo esta competência à União Federal.

Uma alternativa moderada para se lidar com a insegurança trazida pelas CIDEs seria mantê-las no sistema, mas estabelecendo na Constituição Federal ou mesmo no CTN um marco legal para essas contribuições.

Ao não lidar com as CIDEs, o Congresso Nacional permite que a União Federal siga se valendo deste instrumento que, na falta de uma regulação mais detalhada, pode facilmente ser instituído com desvio de finalidade e tornar-se uma espécie de "imposto" com finalidade específica, atropelando o modelo constitucional de federalismo fiscal.

28. ENTRE O PASSADO E O FUTURO: OS NOVOS PARADIGMAS DO SISTEMA TRIBUTÁRIO NACIONAL (2023)

Na semana que passou, nenhum assunto econômico teve mais destaque do que a aprovação da reforma tributária (do consumo) pelo Senado Federal. Após a votação do texto, o clima era o do dia seguinte a uma grande final de campeonato: para os torcedores da reforma, era momento de celebração efusiva, movida a previsões de que a aprovação da PEC 45 tornará a promessa chamada Brasil em realidade, aos brados de que o IBS e a CBS representam um momento de inflexão equivalente ao Plano Real. Para os opositores da reforma, a votação no Senado era uma verdadeira sentença condenando o Brasil a um futuro de incerteza, que quebrará os entes federativos e os contribuintes, levando a um cenário de terra arrasada digno dos filmes "Mad Max".

Vimos insistindo que **reformas da legislação tributária são eventos "não binários"**. Elas não são absolutamente boas, nem absolutamente más. Em alguns casos elas simplificam, em outros criam novas complexidades. Para alguns, representam um alívio da carga tributária, para outros, um aumento. A reforma – **certamente** – extinguirá alguns focos de litígios, ao mesmo tempo que criará outros, alguns que atualmente sequer podem ser antecipados.

Vê-se, assim, que acreditamos que reformas tributárias são ambivalentes, no sentido de que encerram valores e consequências divergentes e não raro contrapostos. De toda maneira, acredito que se projetarmos os efeitos da PEC 45 para além de 2033 eles parecem ser mais positivos do que negativos.

Além de serem "não binárias", reformas tributárias são **concorrenciais**. São poucos os que se dedicam ao tema sem vieses ou interesses, mais ou menos públicos. Os entes federativos concorrem entre si para ficarem com uma maior parcela da arrecadação, da mesma maneira que os sujeitos passivos concorrem para ficar com a menor parte da carga tributária possível.

Esse traço ficou bem evidente na tramitação da PEC 45 na Câmara dos Deputados e no Senado Federal. Havia consciência de que cada regime favorecido, cada alíquota reduzida, geraria um aumento da carga tributária para todos aqueles não agraciados com um tratamento preferencial. Contudo, em momento algum o prognóstico de um aumento generalizado da carga tributária desincentivou a incansável batalha por tratamentos tributários diferenciados.

Nesse contexto, não é surpreendente que o texto aprovado pelo Senado encerre avanços e retrocessos, esclarecimentos e contradições. Vamos tentar explorar neste breve artigo alguns pontos de atenção que vemos na versão atual da PEC 45.

PEC 45: UM PARADOXO

Uma das características do sistema tributário nacional é a sua hiperconstitucionalização. Apontada por alguns como uma das virtudes do modelo brasileiro, e acusada por outros – como nós – de ser uma das causas da quantidade brutal de litígios tributários no Brasil, a profusão de dispositivos constitucionais tributários distingue a Constituição Federal brasileira de outros diplomas constitucionais.

De um lado, a PEC 45 quintuplica a aposta na constitucionalização da tributação. O texto da Constituição Federal pós-PEC 45 é tão exótico nesse particular que chega a incluir um dispositivo estabelecendo que sucos naturais sem adição de açúcares e conservantes se incluem entre os alimentos previstos no inciso VIII do § 1º do artigo 9º da PEC 45 (§ 11 deste mesmo artigo 9º). Se a hiperconstitucionalização era uma doença, com a PEC 45 ela parece ter virado uma pandemia.

Paradoxalmente, ao mesmo tempo em que a PEC 45 multiplicou substancialmente os dispositivos constitucionais tributários, também delegou largamente a disciplina de temas centrais do novo regime de tributação do consumo para a disciplina do legislador infraconstitucional.

Essa mistura de um extenso e detalhado regramento constitucional, com um amplo campo de atuação do legislador infraconstitucional pode resultar em um significativo contencioso. Para uma proposta de emenda que inclui na Constituição o dito princípio da simplicidade (artigo 145, § 3º) – seja lá o que ele signifique –, é inegável a complexidade interpretativa do novo texto constitucional, a qual tende a ser potencializada conforme a reforma venha a ser efetivamente implementada em nível infraconstitucional.

Boa parte dos problemas decorrentes dessa nova onda de constitucionalização do Direito Tributário não tem mais como ser revertida e só será verificada quando o novo modelo estiver completo e operacional. Nessa fase, quando os economistas com suas projeções saírem de cena e os advogados assumirem o palco, é que teremos a exata noção do quanto de simplificação e redução de litígios a reforma realmente entregará.

UMA MUDANÇA DOS PARADIGMAS DO SISTEMA TRIBUTÁRIO NACIONAL

Um de nossos artigos recentes sobre reforma tributária tratou dos princípios elencados no § 3º do artigo 145 da Constituição Federal, segundo a PEC 45. Naquela ocasião, chamamos a atenção para o que nos parece ser equívoco do texto aprovado tanto pela Câmara dos Deputados quanto pelo Senado Federal. Este § 3º peca pela falta de equilíbrio. Fala em justiça tributária sem mencionar a segurança jurídica. Dois polos que devem ser prestigiados, mas que não podem se sobrepor.

Esse debate pode parecer teórico aos olhos de um economista ou jornalista cobrindo esses eventos históricos. Pode parecer que é algo irrelevante, filosófico. Contudo, qualquer advogado que lide com autos de infração em casos de planejamento tributário, por exemplo, compreende bem a utilização argumentativa de princípios e valores constitucionais. Agora temos uma constituição que expressamente enuncia o princípio da justiça tributária e que nada fala, de forma expressa, sobre segurança jurídica. A própria noção de justiça tributária é vaga e ambígua, e certamente demandará intenso trabalho de interpretação.

Além da falta de equilíbrio, esse dispositivo criou princípios sem raiz no Direito Tributário brasileiro. O que seria o princípio da simplicidade? E pior, que raios é o princípio da defesa do meio ambiente como princípio tributário?

Os efeitos desse § 3º do artigo 145 da Constituição Federal sobre a interpretação da legislação tributária – seja pelo que ele trouxe, seja pelo que deixou de trazer – somente saberemos também quando o novo modelo estiver plenamente operacional.

A MUTAÇÃO DO DITO "IMPOSTO SELETIVO"

Escrevi, na coluna Justiça Tributária do Conjur, um artigo dedicado exclusivamente ao chamado Imposto Seletivo (aqui). Dois aspectos para os quais chamei a atenção naquele texto estão refletidos na nova redação do § 6º do artigo 153 da Constituição Federal.

O primeiro é que não se trata de um imposto seletivo, mas de um imposto extrafiscal. Com a redação do § 6º temos, pela primeira vez, a Constituição Federal estabelecendo que um imposto **terá finalidade extrafiscal**.

Essa alteração não é sem consequências. Nos últimos anos, mais de uma vez surgiram controvérsias sobre o manejo de tributos como o IOF e o Imposto de Exportação, por exemplo, com finalidades arrecadatórias. Ao estabelecer que o novo imposto federal **terá** finalidade extrafiscal, este § 6º, segundo vemos, fecha as portas para a sua utilização com finalidade exclusivamente fiscal.

Ora, se a finalidade extrafiscal é obrigatória, falta ao § 6º um requisito fundamental: a obrigação de inclusão, na lei instituidora do imposto, do objetivo visado com a sua cobrança. Como comentamos anteriormente, este é o primeiro imposto declaradamente extrafiscal que temos na Constituição Federal. As consequências dessa característica terão que ser verificadas conforme ele venha a ser instituído. O controle de sua compatibilidade constitucional dependerá, em larga medida, da compreensão dos seus objetivos indutores ou regulatórios.

Outro problema deste imposto extrafiscal parece ser a sua materialidade. Como já apontamos, em plena era digital, o inciso VIII do artigo 153 nada fala sobre intangíveis, referindo-se à produção, extração, comercialização ou importação de "bens e serviços". Cada um desses vocábulos será interpretado, definido e, a depender do texto da lei (ou leis?) instituidora, provavelmente assistiremos a disputas de fundo constitucional sobre fronteiras da competência atribuída à União Federal.

As alterações veiculadas no Senado Federal também trouxeram contradição para dentro deste novo imposto. Por que ele era apontado como um imposto seletivo? Porque, no modelo original da PEC 45, teríamos uma alíquota única para o IBS sem nenhum regime diferenciado. Assim, esse imposto cumpriria o papel de permitir incidências distintas sobre algumas atividades com externalidades ambientais e de saúde negativas.

A tramitação da PEC 45 no Congresso Nacional implodiu a lógica original do IBS. A profusão de tratamentos diferenciados não só superou a finalidade inicial da nova competência prevista no inciso VIII do artigo 155 como resultou na assunção declarada de sua finalidade extrafiscal. A criação de inúmeros tratamentos diferenciados também trouxe outra necessidade: a de compensação pelas perdas de arrecadação.

Somente a finalidade de arrecadar justifica a inclusão da extração de bens na materialidade do Imposto Extrafiscal, já maculando, na própria Constituição, a sua racionalidade estrutural.

É óbvio que as indústrias extrativas são potencialmente danosas ao meio-ambiente. Contudo, a incidência no momento da extração não terá qualquer consequência regulatória ou indutora. É um contrassenso absurdo imaginar que haveria o intento de se desincentivar aquele que é um dos principais setores econômicos do país. Ela tem, isso sim, o bom e velho objetivo de arrecadar, muito provavelmente para compensar as benesses concedidas a outros setores econômicos no campo do IBS/CBS.

Outro aspecto que tratamos no artigo a que nos referimos acima, e que foi alterado – para melhor – no Senado Federal foi a exclusão de dispositivos que faziam, deste Imposto Extrafiscal, uma exceção às regras de anterioridade e legalidade. Considerando os propósitos deste tributo – impactar externalidades negativas à saúde e ao meio-ambiente – não nos parece que sua alteração requeira modificações urgentes que demandem uma exceção ao regime constitucional geral dos impostos.

O IMPOSTO SOBRE BENS E SERVIÇOS

O IBS certamente ocupará nossas atenções de forma significativa nos próximos meses e anos. Aqui também identificamos diversas situações em que a nova redação constitucional vai trazer desafios interpretativos.

Logo no parágrafo 1º do artigo 156-A, temos a previsão de que o IBS será informado pelo princípio da neutralidade. Fica realmente a dúvida sobre a vantagem dessa previsão. A própria palavra princípio é polissêmica. Se encamparmos uma das teorias predominantes, de que princípio é norma finalística que estabelece um estado de coisas a ser alcançado, considerando as limitações fáticas e jurídicas, a noção de princípio traz, em si mesma, a possibilidade de que tal finalidade não seja alcançada. Ou seja, o princípio da neutralidade conviveria com a possibilidade de falta de neutralidade.

Em relação à materialidade, reiteramos comentários que já fizemos em outras oportunidades. O que são "operações"?

Imaginemos, por exemplo, um licenciamento de software. Na legislação atual, principalmente após a manifestação do Supremo Tribunal Federal, o licenciamento de software é considerado um serviço para fins do ISS.

Contudo, no modelo do IBS que estamos adotando o licenciamento de software parece ser tratado como uma "operação com bens imateriais". Será isso mesmo? E se for, um licenciamento de software é uma "operação"?

Veja-se que o § 8º do artigo 156-A diz expressamente que "a lei complementar de que trata o *caput* **poderá** estabelecer o conceito de **operações com serviços, seu conteúdo e alcance**, admitida essa definição para qualquer operação que não seja classificada como operação com bens materiais ou imateriais, inclusive direitos".

O texto é um tanto barroco, mas o que se pretendeu estabelecer é a natureza residual do conceito "operações com serviços", como alguns autores já defendiam em relação ao ISS à época da Emenda Constitucional nº 18/1965. Naquele tempo, já se sustentava a natureza residual do ISS em relação ao ICM.

Porém, não se pode perder a atenção aos detalhes. Ressalto, uma vez mais, que, promulgada a Emenda Constitucional, o texto deixará de ser trabalhado por economistas e assessores políticos e passará a ser analisado a cada vírgula por advogados. Em nenhum momento, o novo texto constitucional estabelece que a lei complementar definirá "operações". Estabelece-se que a lei complementar definirá **operações** com serviços, e que **operações** que não forem consideradas **operações** com bens serão consideradas **operações** com serviços. Veja-se: a incidência depende, sempre, de se estar diante de uma **operação**.

Observa-se que embora a PEC 45 não tenha se preocupado com a quantidade de novas disposições tributárias na Constituição Federal, acabou preferindo não cuidar de algumas questões que talvez tivessem merecido delimitação constitucional. Vemos um exemplo disso logo nos incisos II e III do artigo 156-A. O que é a importação de um bem imaterial? Ou a sua exportação? O que é a importação de um serviço? Ou a sua exportação? Atualmente temos critérios variados e dissonantes sobre o tema nas legislações do ISS e do PIS/COFINS. Vai ser interessante acompanhar o que a lei complementar do IBS/CBS estabelecerá em relação a esses temas.

Identificamos, aqui, o paradoxo que comentamos acima. De um lado, um reforço sem igual da hiperconstitucionalização – só vermos que o "ovo" foi parar na Constituição (artigo 9º, § 3º, II, "b", da PEC 45). De outro, uma crença – talvez ingênua – de que mesmo com tantos dispositivos constitucionais tributários novos, o legislador complementar terá larga amplitude regulamentar em relação a eles. Embora sejamos defensores da ressignificação do papel do legislador complementar, essa não é nossa tradição jurídica, o que pode levar diversos dos novos dispositivos constitucionais – e das futuras leis – aos tribunais.

ATÉ SUJEIÇÃO PASSIVA FOI PARAR NA CONSTITUIÇÃO ...

A patológica hiperconstitucionalização do Direito Tributário é tão, mas tão arraigada que a sujeição passiva do IBS foi parar no texto constitucional, no § 3º do artigo 156-A, segundo o qual "lei complementar poderá definir como sujeito passivo do imposto a pessoa que concorrer para a sua realização, a execução ou o pagamento da operação, ainda que residente ou domiciliada no exterior".

É estranho, para dizer o mínimo, termos uma atribuição de competência para a elaboração de uma regra de responsabilidade tributária incluída no artigo 156-A. A disciplina da sujeição passiva da obrigação tributária já é matéria reservada à lei complementar pelo artigo 146 da Constituição Federal. Ao se inserir uma regra atributiva de competência na Constituição, ao invés de se dar competência ao legislador complementar – que ele já tinha – se está, em verdade, limitando o seu campo de atuação, que agora terá que observar os limites impostos pela Lei Maior – que serão definidos pelo intérprete posteriormente.

A atribuição de sujeição passiva a não residentes é um capítulo à parte. Prática que se popularizou no mundo com a criação dos DSTs (*digital service taxes*), estabelece um dever que as autoridades fiscais brasileiras não teriam capacidade de tornar eficaz. Esperamos que se tenha muito cuidado para não embarcarmos numa aventura tributária. Era claramente o que se passava no Projeto de Lei nº 3.887/2020, que instituía a Contribuição Social sobre Operações com Bens e Serviços – CBS (artigo 5º). Neste caso se atribuía uma responsabilidade tributária sem qualquer consequência ou possibilidade de efetivação. Basicamente tínhamos, ali, o primeiro caso de dever tributário voluntário, que poderia ser cumprido pelo não residente, ou não.

PROCESSO ADMINISTRATIVO FISCAL

Sabemos que o IBS e a CBS estão sendo criados para serem gêmeos quase idênticos (ver o artigo 149-B e o 195, § 16). Idealmente, a diferença estará apenas nas alíquotas. Uma questão relevante a ser resolvida, então, relaciona-se aos mecanismos de solução de controvérsias. Nesse particular, vemos como tímida a PEC 45. O ideal seria a unificação do processo administrativo dos dois tributos no Conselho Federativo. Consultas fiscais e revisões de autos de infração deveriam ser decididas pelo mesmo órgão.

Aqui, sim, seria interessante que o modelo tivesse sido posto na própria Constituição, já que teríamos que prever a competência de um órgão – com o respectivo desenho institucional, como a participação de autoridades federais e subnacionais – para a solução de controvérsias.

A PEC 45 não foi completamente silente sobre a matéria. Segundo o § 8º do artigo 156-B, "lei complementar poderá prever a integração do contencioso administrativo relativo aos tributos previstos nos artigos 156-A e 195, V".

Essa delegação ao legislador complementar nos parece insuficiente. Em primeiro lugar, não alcançaria as soluções de consulta. De outra parte, essa unificação não deveria ser uma "possibilidade", deveria ser uma obrigação. É imprescindível para a racionalidade desse modelo dual que o mesmo órgão seja responsável pela solução de controvérsias de ambos os tributos – tarefa mais difícil de ser realizada no âmbito das primeiras instâncias judiciais.

COMENTÁRIOS FINAIS

Há sempre uma distância entre o idealizado e o concretizado. Há uma distância monumental entre os textos da PEC 45 original e da PEC 110 e esse aprovado pelo Senado Federal. O processo político tem seus próprios rumos. Esse § 3º do artigo 145 mesmo não parece jamais ter sido cogitado pelos idealizadores das propostas originais. Além de toda a dificuldade imposta pela tramitação da PEC, o dia seguinte à promulgação da emenda iniciará uma nova fase, em que os cálculos no Excel e as falas sobre padrões internacionais terão cada vez menos relevância. Sairemos do campo do desenho político para as trincheiras da interpretação jurídica.

Desde já, vemos que essa mudança constitucional, com todas as alterações infraconstitucionais por vir, exigirão grande **responsabilidade** dos acadêmicos e acadêmicas da tributação. Esse momento histórico demandará muito da academia. É óbvio que não é nosso papel corroborar e chancelar quaisquer desvios legislativos, sejam constitucionais, sejam infraconstitucionais. Neste texto mesmo apontei alguns. Mas nosso propósito **tem que ser** contribuir para a melhoria do sistema, não com a perpetuação do caos tributário e da insegurança.

- editoraletramento
- editoraletramento.com.br
- editoraletramento
- company/grupoeditorialletramento
- grupoletramento
- contato@editoraletramento.com.br
- editoraletramento

- editoracasadodireito.com.br
- casadodireitoed
- casadodireito
- casadodireito@editoraletramento.com.br